Die Reform
des neuseeländischen Wahlsystems

Europäische Hochschulschriften
Publications Universitaires Européennes
European University Studies

Reihe XXXI
Politikwissenschaft

Série XXXI Series XXXI
Sciences politiques
Political Science

Bd./Vol. 416

PETER LANG
Frankfurt am Main · Berlin · Bern · Bruxelles · New York · Oxford · Wien

Carolin Brummet

Die Reform des neuseeländischen Wahlsystems

Ursachen, Prozeß, Auswirkungen

PETER LANG
Europäischer Verlag der Wissenschaften

Die Deutsche Bibliothek - CIP-Einheitsaufnahme

Brummet, Carolin:

Die Reform des neuseeländischen Wahlsystems : Ursachen, Prozeß, Auswirkungen / Carolin Brummet. - Frankfurt am Main ; Berlin ; Bern ; Bruxelles ; New York ; Oxford ; Wien : Lang, 2000
(Europäische Hochschulschriften : Reihe 31, Politikwissenschaft ; Bd. 416)
ISBN 3-631-36966-2

ISSN 0721-3654
ISBN 3-631-36966-2

Vorwort

Die Bürgerinnen und Bürger Neuseelands entschieden sich im Jahr 1993, das Wahlsystem vom bisherigen Majoritätsmodus zu einem Proportionalverfahren nach bundesdeutschem Vorbild zu ändern. Im Gegensatz zu den heftigen Diskussionen, die – mit inzwischen allerdings abnehmender Regelmäßigkeit – über den Import des relativen Mehrheitswahlsystems in der Bundesrepublik geführt werden, wurde der *Export* des bundesdeutschen Wahlsystems in ein Land mit Mehrheitswahltradition bisher hier kaum wahrgenommen. Die vorliegende Veröffentlichung füllt diese Lücke mit großer Umsicht. Die Autorin untersucht sowohl die prozessuale Vorgeschichte als auch die politikwissenschaftlich relevanten Konsequenzen der neuseeländischen Reform und analysiert diesen Schritt mit Hilfe verschiedener politikwissenschaftlicher Modelle. Die Wirkungen von Wahlsystemen und somit auch diejenigen einer Wahlreform werden dabei weder über- noch unterschätzt. Die Tatsache, daß sich die Autorin nicht auf die Darstellung des Wahlsystems im engeren Sinne beschränkt, sondern unter anderem auch schwer zugängliche Materialien zu Neuseeland ausgewertet hat, weist das Werk darüber hinaus als vorzügliche Fundstelle für die Strukturen und Prozesse der jüngsten neuseeländischen Innenpolitik aus.

Die methodische Vorgehensweise besticht durch einen stets klaren analytischen Bezugsrahmen. Aufbauend auf einer fundierten Analyse politikwissenschaftlicher Demokratiemodelle etwa von Robert A. Dahl und Arend Lijphart untersucht die Verfasserin unter Rückgriff auf die Funktionsprinzipien des bisherigen Mehrheitswahlsystems die politischen und vor allem ökonomischen Motive für die Unzufriedenheit mit dem bisherigen Wahlsystem (Kapitel 3). Im Zentrum steht dabei die Frage nach den Ursachen für den enormen Legitimitätsverlust des neuseeländischen Parteiensystems. Interessante Einblicke in die Kultur der politischen Auseinandersetzung bietet die Darstellung der prozessualen Aspekte der Wahlsystemreform (Kapitel 4). Nicht nur in diesen Abschnitten des Bandes ergänzen sich stringente Argumentationsführung und hoher Informationswert. Indem die Verfasserin auch in den weiteren Abschnitten des Buchs, in denen es um die Frage geht, wie sich die Entscheidung zur institutionellen Reform *vor* und *nach* den erstmals nach dem neuen Modus durchgeführten Wahlen auswirkte, immer wieder systematisch auf ihre Analysekriterien zurückgreift, gelingt es ihr einen Spannungsbogen aufzubauen, und den Leser geschickt durch die komplexe Materie zu leiten. Die gelungene Anbindung an die Darstellung und Analyse von Koalitions- und Parteitheorien sowie den Typologien von Regierungen und demokratischen Regimen macht die Veröffentlichung auch für die Leser zu einem großen Gewinn, die mit den Grundlagen des angelsächsischen Westminstermodells noch nicht vertraut sind.

Der Fokus der politikwissenschaftlichen Forschung war bisher vor allem auf die Mechanik von Wahlsystemen gerichtet. Dies ist vor dem Hintergrund der Empirie auch verständlich, fiel doch die Adaption eines bestimmten Wahlverfahrens in vielen demokratischen Staaten mit dem republikanischen Neubeginn nach dem I. oder II. Weltkrieg zusammen. Der revolutionäre Charakter jener Vorgänge machte es nicht erforderlich, ein Instrumentarium für die Analyse eines *demokratischen* Reformprozesses zu entwickeln. Die Ereignisse der letzten Jahre lenken den Blick nun auf dieses Forschungsdesiderat. Abgesehen von Neuseeland wurde auch in Italien (1993) und Japan (1994) ein extremes Verhältnis- bzw. Mehrheitswahlsystem zugunsten einer moderaten Lösung verabschiedet. Es ist das Verdienst der vorliegenden Publikation, für den Prozess der institutionellen Reform in einer etablierten liberalen Demokratie ein angemessenes Analyseraster entwickelt und in inhaltlich differenzierter und dennoch gut lesbarer Form angewandt zu haben.

Professor Dr. Ursula Münch

Neubiberg im Juni 2000

Inhaltsverzeichnis

Liste der Tabellen und Abbildungen

Tabellen

Abbildungen

1 Einleitung

Neuseeland hat 1993 per Referendum entschieden, sein Wahlsystem zu ändern: Die bisherige Mehrheitsregel wurde zugunsten eines Verhältniswahlsystems nach bundesrepublikanischem Muster aufgegeben; im Oktober 1996 stimmten die Bürger zum ersten Mal nach dem neuen Modus ab. In diesem Verfahrenswechsel äußerte sich eine tiefgehende Legitimitätskrise, die durch eine institutionelle Reform behoben werden sollte.
Warum entzogen die Bürger einem Teilaspekt des politischen Systems das Vertrauen? Wie gestaltete sich der Reformprozeß und welche Erwartungen waren mit dieser Innovation verknüpft? Welche Folgen sind bisher erkennbar und für die Zukunft zu prognostizieren?

In der Beantwortung dieser Fragen werden die verschiedenen Dimensionen des Begriffs 'Politik' einer Analyse unterzogen: Der *Polity*-Bereich umfaßt den formalen Rahmen des Staates, also Institutionengefüge, Verfassung, Traditionen sowie die Organisationsformen der politischen Willensbildung. Hier nehmen Wahlen und Parteien eine herausragende Stellung ein. Die *Polity*-Ebene bildet die strukturellen Voraussetzungen für Taktiken und Handlungsweisen der Akteure. Unter diesem Gesichtspunkt werden in vorliegender Arbeit die unterschiedlichen Auswirkungen der Mehrheits- und der Verhältniswahl untersucht. Auf der anderen Seite können die institutionellen Bausteine eines Staates auch das E r g e b n i s eines politischen Entscheidungsprozesses darstellen; die Suche nach den Gründen für die erfolgreiche Durchsetzung des Proporzmodus in Neuseeland markiert einen der Schwerpunkte der folgenden Ausführungen.
Die inhaltliche Fragestellung, die *Policy*-Dimension, beschäftigt sich mit den einzelnen Politikfeldern staatlicher Aktivitäten und deren spezifischen Problem- und Konfliktlagen. Mit Blick auf Neuseeland hat die Beschreibung einzelner Politikbereiche exemplarischen und instrumentellen Charakter. Vor allem in der Außen-, Innen- sowie Wirtschafts- und Sozialpolitik sollen die Programme und Strategien der politischen Parteien deutlich gemacht werden; dabei zeigen sich Divergenzen und Gemeinsamkeiten sowohl zwischen den einzelnen Akteuren als auch zwischen Elite und Bevölkerung.
Hiermit eng verflochten ist die prozessuale Seite des Begriffs, die *Politics*-Ebene. Die Vorgänge der Definition von Interessen, der Konfliktaustragung und der Beschlußfassung sind im Zusammenhang der vorliegenden Themenstellung von besonderer Bedeutung, weil sich hier der Charakter des Politikstils und die Kultur der politischen Auseinandersetzung ablesen läßt. In Bezug auf die Wahlreformdebatte in Neuseeland ab Mitte der 1980er Jahre ist eine interessante Abdrängung der Parteien aus dem Zentrum des Willensbildungsprozesses zu beobachten.

Die methodische Vorgehenweise der Arbeit basiert auf der skizzenhaften Darstellung verschiedener Theorien und Erklärungshypothesen der Politikwissenschaft. Das Spektrum umfaßt zum einen die *Rational Choice*- und Spieltheorie sowie den *Public Choice*-Ansatz, wobei sowohl auf klassische Ausformulierungen als auch auf Fortführungen und Erweiterungen Bezug genommen wird. Die genannten Theorien postulieren ein spezifisches Verhaltensmuster politischer Akteure und bieten so eine Folie für reale Handlungs- und Entscheidungsprozesse. Darüber hinaus verfolgt die Arbeit einen komparativen Ansatz: Die Benennung internationaler Rahmendaten über die Struktur des Parteien- und Regierungssystems ermöglicht es, den experimentellen Charakter der neuseeländischen Politik nach der Reformentscheidung von 1993 herauszuarbeiten. Gleichzeitig schärft die vergleichende Methode den Blick für Abweichungen und Gemeinsamkeiten Neuseelands mit dem politischen Prozedere in anderen Staaten.
Die Darstellung der zentralen institutionellen Variable - des Wahlsystems - erfolgt ebenfalls in Anknüpfung an theoretische Positionen; in diesem Zusammenhang sind Namen wie Duverger, Rae und Sartori zu nennen, die jeweils unterschiedliche Annahmen über die mechanischen Effekte von Entscheidungsregeln treffen. Die analytische Funktion besteht darin, die Wirkungsweise des nun abgeschafften Majoritätsmodus präzise fassen zu können. Eine soziologisch orientierte Sichtweise des Zusammenhangs zwischen Wahl- und Parteiensystem enthält das *Cleavage*-Modell von Lipset und Rokkan, welches - in modifizierter Form - dazu dient, eine Ist-Analyse der neuseeländischen Gesellschaft vorzunehmen sowie das künftige Profil des Parteiensystems zu prognostizieren.

Die Heterogenität der systematischen Zusammenhänge erlaubt keinen Gesamtüberblick über die verwendete Literatur; daher erfolgen bibliographische Vermerke und Hinweise zur Forschungslage im jeweiligen inhaltlichen Kontext.

Nun bleibt noch die Frage nach dem übergreifenden Untersuchungsrahmen der Arbeit: Hier stütze ich mich auf eine Konzeption Arend Lijpharts, die im Folgenden eingeführt und auf Neuseeland angewandt wird.

2 Der Analyserahmen: Majoritäts- vs. Konsensmodell

2.1 Definitionskriterien

Demokratien sind in der polyarchischen Konzeption Robert A. Dahls von der Verantwortlichkeit der Regierenden gegenüber den Bürgern geprägt. Um dieses Schlüsselcharakteristikum zu gewährleisten, müssen zumindest folgende Voraussetzungen erfüllt sein:[1]

1. Freiheit, Organisationen zu bilden und sich ihnen anzuschließen
2. Freiheit der Meinungsäußerung
3. Das Recht zu wählen
4. Wählbarkeit für ein öffentliches Amt
5. Das Recht der politischen Elite zum Wettbewerb um Unterstützung und Stimmen
6. Alternative Informationsquellen
7. Freie und faire Wahlen
8. Institutionen, die die Regierungspolitik von den Wählerstimmen und anderen Willensäußerungen der Bevölkerung abhängig machen

Die ersten sechs Merkmale beziehen sich auf klassische liberale Freiheitsrechte und auf den Wert der Gleichheit. In allen demokratischen Systemen der Welt werden diese Standards in ähnlicher Weise garantiert. Auf die Frage, wie die Präferenzen der Bürger in staatliche Politik umgewandelt werden sollen, sind jedoch unterschiedliche Antworten möglich. Innerhalb der demokratischen Welt zeigen sich substantielle Differenzen auf der Ebene der Wahlverfahren und in der Position und Struktur der Exekutive.

Auf Grundlage dieser Differenzen identifiziert Arend Lijphart zwei diametral entgegengesetzte Modelle von Demokratie, das Majoritäts- und das Konsensmo-

---

1 Vgl. Dahl (1971), S. 1 ff. Dahl definiert die demokratische Ordnung als Elitensystem; die Besetzung von Entscheidungspositionen soll jedoch grundsätzlich offen gestaltet sein. Seine Auffassung konkurriert mit anderen Demokratiekonzeptionen, die den Akzent ganz auf die möglichst intensive Teilnahme aller Bürger legen (partizipatorisches Modell), die Demokratie als Herrschaft der Mehrheit begreifen, welche sich möglichst uneingeschränkt durchsetzen müsse (populistisches Modell) oder die Demokratie primär als einen Prozeß des Verhandelns und Aushandelns von Kompromissen verstehen (pluralistisches Modell).

dell.[2] Aus der Analyse von 22 demokratischen Regimen zwischen 1945 und 1980 leitet er ein doppelpoliges Schema ab, das in seiner logischen Kohärenz als Maßstab für die Empirie dienen soll. Nach Lijphart sind die Begriffe Majoritäts- und Westminstermodell deckungsgleich; damit weist er auf die Tatsache hin, daß dieser Typus von Demokratie ursprünglich in Großbritannien etabliert wurde und daß er hier in den Jahren 1945 bis 1970 beinahe idealtypisch vorfindbar war. Tabelle 1 faßt die Lijphartschen Definitionskriterien in zwei Merkmalsbündeln zusammen:[3]

Tab. 1: Lijpharts Demokratiemodelle im Vergleich

Majoritäts- (=Westminster-) Modell	Konsensmodell
Merkmalskatalog 1	
Konzentration der exekutiven Macht: Einparteien- und Mehrheitskabinette	Exekutive Machtteilung: Koalitionen
Fusion der Gewalten und Dominanz der Exekutive	Trennung der Gewalten, formell und informell
Zweiparteiensystem	Mehrparteiensystem
Eindimensionales Parteiensystem	Multidimensionales Parteiensytem
Mehrheitswahlsystem	Verhältniswahlsystem
Merkmalskatalog 2	
Asymmetrischer Bikameralismus	Gleichgewichtiger Bikameralismus und Minderheitenrepräsentation
Unitarische und zentralisierte Regierung	Territorialer oder nicht-territorialer Föderalismus und Dezentralisierung
Nichtkodifizierte Verfassung und Parlamentssouveränität	Kodifizierte Verfassung und Minderheitenveto

Die erste Faktorengruppe bezieht sich auf das Verhältnis zwischen Exekutive und Legislative. Hier stehen sich das Westminster-Prinzip der Machtkonzentration und das Konsensprinzip der Machtteilung und -streuung gegenüber. Bei letzterem kann die Trennung der Gewalten nach amerikanischem Vorbild formeller Natur sein. Exekutive und Legislative verfügen in diesem Fall über unterschiedliche Legitimationsquellen, werden also separat gewählt; das Verhältnis der bei-

2 Vgl. Lijphart (1984a).
3 Zur Beschreibung der beiden Modelle vgl. Lijphart (1984a), S. 6 ff., S. 23 ff.

den Zentren staatlicher Entscheidungskompetenz ist entsprechend von Unabhängigkeit und Balance gekennzeichnet. Eine Gewaltentrennung informeller Art ist dann gegeben, wenn sich Regierung und Parlament zwar in einem direkten Abhängigkeitsverhältnis befinden, aber das Kabinett - z. B. aufgrund einer breiten und wenig kohärenten Koalition - keine dominante Position einnimmt. Das Wahlsystem fungiert als Triebkraft des ersten Merkmalskatalogs, da seine Effekte die anderen Charakteristika produzieren bzw. aufrechterhalten. Das zweite Merkmalsbündel beschreibt die Stellung der Regierung im Beziehungsgeflecht gewaltenbeschränkender Elemente. Das Instrument des Plebiszits klammert Lijphart in diesem Zusammenhang aus, da er es als generelle Antithese zur repräsentativen Demokratie betrachtet.[4] In vorliegender Arbeit werden Referenden dennoch als entscheidendes Differenzkriterium gewertet; denn haben sie unmittelbare Bindungswirkung, widersprechen sie als Ausdruck der Volkssouveränität dem Prinzip der parlamentarischen Suprematie. Direktdemokratische Elemente fügen sich also eher in die Logik des Konsensmodells als in die des Majoritätstypus' ein.

2.2 Klassifizierung Neuseelands

2.2.1 Elemente des Majoritätsmodells

Lijphart beschreibt Neuseeland als "a virtually perfect example of the Westminster model of democracy"[5]. Nach einer Analyse des politischen Systems entlang der oben genannten Kriterien kommt er zu folgendem Schluß:

> "In nearly all respects, democracy in New Zealand is more clearly majoritarian, and hence a better example of the Westminster model, than British democracy."[6]

Tatsächlich bot Neuseeland lange Zeit ein Schulbeispiel für das von Großbritannien übernommene Westminstermodell.[7] Bis 1993 - dem Beginn der Transitionsphase in Aussicht auf das bevorstehende Verhältniswahlrecht - erfüllte es die ersten fünf Merkmale der Lijphartschen Definition:

Ab 1935 wurden die Regierungen jeweils nur von einer Partei gestellt, die über eine meist deutliche Mehrheit im Parlament verfügte. Koalitionsregierungen gab es nur während des Ersten Weltkriegs und zur Zeit der Großen Depression (1931-1935). Großbritannien hatte zwischen 1891 und 1995 31 Koalitionsjahre zu verzeichnen - in Neuseeland waren es im gleichen Zeitraum nur acht. Mitte der 1930er Jahre etablierte sich mit dem Wahlsieg *Labours* und dem anschlie-

---

4 Vgl. ebd., S. 31 f.
5 Lijphart (1984a), S. 16.
6 Ebd., S. 19.
7 Einen komprimierten Überblick über das konstitutionelle Grundgerüst Neuseelands bietet Levine (1979), S. 25-42.

ßenden Zusammenschluß der konservativen Kräfte in der *National Party* ein streng diszipliniertes Zweiparteiensystem. Das Mehrheitswahlrecht bildete eine strukturelle Barriere gegen die parlamentarische Repräsentanz von Drittparteien.

Das zweite Merkmalsbündel wurde durch die Wahlreform von 1993 nicht berührt; so ist auch heute der Handlungsspielraum des neuseeländischen Kabinetts in wesentlichen Bereichen unbeeinflußt von konstitutionellen Begrenzungen. Das Konkurrenzprinzip gilt weder innerhalb des Parlaments noch in Form einer föderativen Gewaltenteilung: Der Unitarismus setzte sich zu Ende des 19. Jahrhunderts durch, als eine Provinzialordnung mit beträchtlichen Autonomierechten gegenüber der Zentralregierung aufgehoben wurde. 1950 verwandelte die Abschaffung des Oberhauses - des *Legislative Council* - den asymmetrischen Bikameralismus in ein reines Einkammernsystem. Die Parlamentssuprematie gibt dem Souverän zwar formell absolute Autorität, wie im Folgenden zu sehen sein wird, verfügt das neuseeländische politische System hier jedoch über entscheidende Korrekturmechanismen.

2.2.2 Abweichungen

Neuseeland weicht in einigen Punkten vom Standardmodell des Westminster-Systems ab. Es gehört zum zentralen Kern seiner eigenen politischen Tradition, die Mehrheitsregel in bestimmten Bereichen des gesellschaftlichen Lebens nicht anzuwenden.

Single Entrenchment

Das Wahlsystem ist - auch nach dem Wechsel von 1993 - in wesentlichen Punkten vor einer Änderung durch einfache parlamentarische Mehrheit geschützt. Durch das erstmals in *Section* 189 (2) des *Electoral Act* von 1956 festgelegte sogenannte *single entrenchment* können folgende Bereiche nur durch eine 2/3-Mehrheit der Legislative oder per Referendum geändert werden:[8]

- Dauer des Legislaturperiode
- Zusammensetzung und Aufgaben der für die Wahlkreiseinteilung zuständigen *Representation Commission*
- Einteilung Neuseelands in *General electoral districts* nach jedem Zensus
- Zulässige Abweichung von der festgelegten Bevölkerungsquote pro Wahlkreis
- Kriterien für die Wahlberechtigung
- Wahlmethode

8 Vgl. *Electoral Act* 1956, VII, Section 189 (1).

Das Erfordernis einer qualifizierten Mehrheit zwingt zur Konsensfindung im Parlament über Parteigrenzen hinweg; alternativ dazu wird der Weg zu einem plebiszitären Entscheid freigegeben. Beide Möglichkeiten schränken die Geltung des parlamentarischen Mehrheitsvotums ein.
Die Ausklammerung bestimmter Teile des Wahlverfahrens aus dem normalen Gesetzgebungsprozedere ist heute in *Section* 268 des Wahlgesetzes von 1993 fixiert; der Abschnitt selbst ist rechtlich jedoch nach wie vor nicht geschützt. Da die Vorkehrung eines *double entrenchment* fehlt, sind die oben genannten institutionellen Bestimmungen nicht vollständig dem Zugriff des Gesetzgebers entzogen. Das neuseeländische Parlament kann die selbstauferlegten Schutzmechanismen jederzeit aufheben oder einzelne Regelungen aus dem Korpus herausnehmen. Der Abschnitt 268 wirkt demnach eher moralisch als rechtlich bindend.[9]

In seinen Auswirkungen ist die Bedeutung des *single entrenchment* für Neuseeland zwar nicht mit der der Römischen Verträge für Großbritannien zu vergleichen. Letztere sehen vor, daß Gesetze der Europäischen Gemeinschaft als direkte Rechtsquelle in den Mitgliedsstaaten zu gelten haben; damit ist die britische Parlamentssouveränität de facto überholt. Die Bindungswirkung jenes Abschnitts hat aber dazu geführt, daß alle Vorschläge zur Abänderung der geschützten Klauseln nicht den regulären Entscheidungsmechnismen überlassen wurden. 1967 und 1990 wurde in nationalen Referenden über die Dauer der Legislaturperiode abgestimmt; in beiden Fällen lehnte eine Mehrheit der Wähler den Vorschlag der Regierung ab, die Phase von drei auf vier Jahre auszudehnen. Schließlich wurde auch über die Reform des Wahlsystems in einem zweistufigen Referendum entschieden.

Diese Abweichung Neuseelands vom klassischen Westminster-Modell wurde vor allem im letzten Jahrzehnt durch zunehmende Möglichkeiten des *judicial review* ergänzt. Die 1990 in Kraft getretene *Bill of Rights* wurde als einfaches Gesetz verabschiedet. Die Gerichte sind jedoch zur Konsistenzregel verpflichtet: Gesetze müssen in Übereinstimmung mit der *Bill of Rights* ausgelegt werden.[10] Den Richtern ist damit die Macht zur Gegenkontrolle der parlamentarischen Gesetzgebung an die Hand gegeben worden.

Referenden

Im Gegensatz zu Großbritannien, wo 1975 das erste Referendum (zum Beitritt des Landes zur Europäischen Gemeinschaft) abgehalten wurde, hat es in Neuseeland eine lange Tradition, kontroverse gesellschaftliche Themen einem Plebiszit

---

9 In der Debatte um die Abfassung des Wahlgesetzes von 1956 wurde die orthodoxe Sichtweise Dicey's - also die Doktrin von der absoluten Souveränität des Parlaments - damit klar bestätigt. Vgl. hierzu Joseph (1993), S. 118.

10 Vgl. *Bill of Rights Act* 1990, I, Section 6.

vorzubehalten. Zu folgenden Fragen wurden bisher regierungsinitiierte Referenden abgehalten:

- Produktion und Verkauf von Alkohol (zwischen 1896 und 1987 gleichzeitig mit jeder Parlamentswahl)
- Einführung eines staatlichen Lotteriesystems (1949)
- Militärdienst zu Friedenszeiten (1949)
- Öffnungszeiten von Gaststätten mit Alkoholausschank (1949, 1967)
- Dauer der Legislaturperiode (1967, 1990)
- Einführung eines Verhältniswahlrechts (zweistufig : 1992, 1993)

Die Referenden zur Frage der Alkoholprohibition waren untrennbar mit den Wahlen verknüpft, weil die Wahlkreise auch als lokale Alkohollizenzdistrikte fungierten[11]. Lijphart weist ihnen eine eher periphere Bedeutung zu.[12] Sie sind jedoch insofern von erheblichem Gewicht, als das jeweilige Ergebnis unmittelbare Rechtswirkung hatte. Wie im *Licensing Act* von 1908 festgelegt, erfolgte ihre Inkraftsetzung automatisch, eine Billigung von seiten des Parlaments war nicht erforderlich.[13] Damit wurde das Volk als unabhängiger Gesetzgeber geduldet - ein Prinzip, das eindeutig gegen die Parlamentssuprematie verstößt. Auch die zweite Abstimmung zur Einführung eines Verhältniswahlrechts war als bindendes Referendum konzipiert, das Resultat mußte also entsprechend umgesetzt werden. Eine Aufhebung der Parlamentssouveränität bedeutet dies jedoch nicht; denn die plebiszitäre Macht in Neuseeland ist eine abgeleitete und kann jederzeit vom Gesetzgeber widerrufen werden. Dies geschah 1987, als die *liquor polls* - als anachronistisch empfunden - zum letzten Mal abgehalten wurden.[14]

Seit 1993 gibt es - neben den Regierungsvorlagen - die Möglichkeit zu bürgerinitiierten Referenden.[15] Deren Durchführung setzt die Einreichung einer Petition voraus, die von mindestens 10% der Wahlberechtigten unterschrieben sein muß, ihr Ergebnis ist für das Parlament jedoch nicht bindend. Bisher konnte nur ein Bürgerbegehren die erforderlichen Qualifikationen erfolgreich durchlaufen: Von der Gewerkschaft der Feuerwehrleute motiviert, wurde im Dezember 1995 über die Frage abgestimmt, ob die Zahl der vollzeit angestellten Feuerwehrkräfte

---

11 Zum Folgenden vgl. McRobie (1994), S. 101.

12 Vgl. Lijphart (1984a), S. 19.

13 *Licensing Act* 1908: "The result of every valid licensing poll (whether taken before or after the coming into operation of this Act) shall have effect until superseded at a subsequent valid licensing poll." (Zit. nach Jackson (1992b), S. 42, Anm. 12.)

14 Im *Sale of Liquor Act* von 1989 wurde die Durchführung von Referenden zur Frage der Alkoholkontrolle abgeschafft. Seitdem wird das Thema per Parlamentsabstimmung entschieden, wobei die Parlamentarier vom Fraktionszwang befreit sind. Vgl. Palmer/ Palmer (1997), S. 202.

15 Vgl. das von der *National*-Regierung verabschiedete *Citizens Initiated Referenda Act* 1993.

unter das Niveau von Januar 1995 gesenkt werden sollte.[16] Die Ressourcen eines schlagkräftigen Interessenverbandes trugen offenbar dazu bei, daß sich dieses doch sehr partikulare Anliegen als Thema eines nationalen Referendums durchsetzen konnte. Die Bandbreite der bisher vorgelegten, aber gescheiterten Petitionen ist nahezu unbegrenzt und reicht vom Verbot von Legebatterien über eine ethnische Antidiskriminierungsgesetzgebung bis zur Einschränkung des Verkaufs von staatlichem Landbesitz.[17] Bürgerinitiierte Referenden sind auch auf Budgetfragen und internationale Verträge anwendbar, da aber keine automatische Bindungswirkung gilt, ist in zentralen finanz- und außenpolitischen Fragen keine Einschränkung des parlamentarischen Handlungsspielraums zu erwarten.

Die Instrumente der Volksbefragung und in jüngster Zeit auch der Volksinitiative bilden ein gewaltenkontrollierendes Element im ansonsten machtzentrierten Majoritätssystem. Die Tradition der Volkssouveränität in Neuseeland kann als Hinweis darauf gelten, daß das theoretische Prinzip der Parlamentssouveränität nie so exklusiv ausgelegt wurde wie in Großbritannien. Der Einfluß des *Diceyism* darf nicht überbewertet werden. Nicht zuletzt vor dem Hintergrund der jüngsten Renaissance des direktdemokratischen Gedankens ist der Einschätzung Lijpharts, die direkte Partizipation sei im politischen System Neuseelands exzeptionell zu behandeln[18], entgegenzutreten.

Maori-Repräsentation

Das auf Grundlage des *Constitution Act* von 1852 etablierte Wahlsystem garantierte erstmals eine repräsentative, da gewählte Regierung in Neuseeland.[19] Da das Wahlrecht an materielle Qualifikationen gebunden war, die Maori als Ureinwohner der britischen Kolonie aber meist nicht über individuellen, sondern nur über kollektiven Landbesitz verfügten, waren sie faktisch vom Wahlakt ausgeschlossen. Als zunächst nur temporär geplante Maßnahme führte man deswegen 1867 eine separate Vertretung der Maori ein.[20] In vier gesondert ausgewiesenen Wahlkreisen besaßen nur Maori das aktive und passive Wahlrecht.[21] Darüber hinaus konnten diejenigen, welche die für Europäer geltenden Besitzstands-

---

16 Vgl. Catt (1996), S. 35.

17 Vgl. ebd.

18 Vgl. Lijphart (1984a), S. 19 f.

19 Das genannte Gesetz wurde vom britischen Parlament verabschiedet. Das Prinzip des *responsible government* - d. h., die Mitglieder der Regierung sind MPs und die Empfehlungen der Exekutive werden vom Staatsoberhaupt akzeptiert - konnte sich erst ab 1856 durchsetzen. Vgl. McRobie (1995), S. 313.

20 Zum Folgenden vgl. Sorrenson, M. P. K.: A History of Maori Representation in Parliament, in: Royal Commission on the Electoral System (1986), B-1 - B-82, hier B-18 ff.

21 Die Wahlkreise im einzelnen: *Northern*, *Eastern* und *Western Maori Electoral District* auf der Nordinsel Neuseelands sowie *Southern Maori Electoral District* für die Südinsel, *Stewart Island* und die angrenzenden kleinen Inseln. Vgl. ebd., B-21.

qualifikationen erfüllten, auch in den anderen Wahldistrikten ihre Stimme abgeben. Das System der separaten Vertretung jener autochthonen Minderheit wurde 1872 und 1876 verlängert - zuletzt auf unbestimmte Zeit. Ab 1893 galt das Prinzip der strikt dualen Repräsentation, demgemäß Europäer und Maori nur noch in den für sie bestimmten Wahlkreisen zur Urne gehen durften. Erst 1975 wurde dies mit Einführung der *Maori option* wieder aufgebrochen; die Maori konnten nun frei entscheiden, ob sie sich auf der Maori- oder der allgemeinen Wahlliste registrieren lassen wollten.[22] Im Zuge der Wahlreformdebatte von 1992 und 1993 wurden auch andere Modelle der ethnisch-kulturellen Repräsentation diskutiert. Doch vor allem aus den Reihen der Minderheit selbst wurde der Wunsch geäußert, das Prinzip der separaten Vertretung beizubehalten.[23]

Wie skizziert, wurde schon zu Beginn der konstitutionellen Entwicklung Neuseelands die Notwendigkeit der garantierten Repräsentation einer Minorität erkannt und rechtlich fixiert. Lijphart entwirft - und dies zeigt seine lapidare Bemerkung, die reservierten Maori-Sitze seien nur als kleine Abweichung vom Westminstermodell zu sehen[24] - das Konstrukt einer homogenen Gemeinschaft, das der historischen Entwicklung des Pazifikstaates nicht gerecht wird. In Form der reservierten Maori-Sitze wird die Regel des Mehrheitsentscheids durch das konsensuale Prinzip des Minderheitenschutzes ergänzt.

Für eine Klassifizierung ist festzuhalten, daß die Zentralisation des Regierungssystems und das Verhältnis Exekutive - Legislative im Zeitraum von 1935 bis 1993 Neuseeland klar als Majoritätsmodell ausweisen. Darauf wird im Folgenden ausführlicher einzugehen sein. Schon früh wurde jedoch dem Bedarf nach konsensuellen Institutionen und Praktiken Rechnung getragen. Der Minderheitenschutz und das starke direktdemokratische Element als konkurrierendes Prinzip zur Parlamentssouveränität verweisen auf einen eigenständigen politisch-historischen Pfad Neuseelands. Keine der oben erläuterten Abweichungen vom Westminstermodell betrifft jedoch die Eindimensionalität des Parteiensystems und die starke Konzentration der Regierungsmacht. Die Reform des Wahlsystems setzte hier eine radikale Zäsur. Wendet sich Neuseeland nun ganz dem Konsensmodell zu?

---

22 Im Wahlgesetz von 1956 wurde der diskriminiernde Terminus der *European Electoral Districts* durch den der *General Electoral Districts* ausgewechselt.

23 Vgl. Kap. 4.2.1 "Divergierende Konzepte zur Maori-Repräsentation".

24 Vgl. Lijphart (1984a), S. 19.

3 Die Ursachen der Wahlreform

3.1 Die institutionelle Ebene: das Mehrheitswahlsystem als strukturelle Voraussetzung

3.1.1 Funktionsprinzipien von *First-Past-the-Post* (FPP)

Über ein Jahrhundert lang - zwischen 1881 und 1996 - stimmte Neuseeland nach den Regeln des einfachen Mehrheitswahlrechts in Einerwahlkreisen ab.[25] Ein 1908 installiertes absolutes Mehrheitswahlsystem wurde drei Jahre später wieder abgeschafft.[26] Jeder Wahlberechtigte hatte eine Stimme, die er an einen Kandidaten seines Wahlkreises vergeben konnte. Der Bewerber mit den meisten Stimmen zog als *Member of Parliament* (MP) in die Volksvertretung, das *House of Representatives*, ein.
Das einfache Mehrheitswahlrecht folgt drei Prinzipien: Als demokratisches Instrument entspricht es zunächst dem Grundsatz *one man, one vote*; mit Abschaffung der Besitzstandsqualifikationen 1889 wurde der Forderung nach dem gleichen Wert der Stimmen zu einem großen Teil Rechnung getragen.[27] Konkurrierend dazu verhält sich das Prinzip der territorialen Repräsentation, nach dem der Abgeordnete als Vertreter einer lokalen Gemeinschaft gilt; die Geschichte des neuseeländischen Wahlsystems bewegte sich stets im Spannungsfeld zwischen den unterschiedlichen Vorstellungen von territorialer und Volksrepräsentation. Schließlich funktioniert das Mehrheitswahlrecht nach der Regel *winner takes all*: Pro Wahlkreis erhält nur der siegreiche Kandidat ein Mandat.

Das neuseeländische Wahlsystem hat bisher zwei große Reformen durchlaufen. Die erste betraf das Konkurrenzverhältnis von territorialer Repräsentation und dem Prinzip der Gleichheit und spielte sich im wesentlichen zwischen den beiden großen Parteien *Labour* und *National* ab. Diese Reform stellte eine Modifikation des britischen Erbes dar und reflektiert darüber hinaus die Manipulierbarkeit des Wahlsystems durch die politische Elite - sie soll im Anschluß kurz dargestellt werden. Die zweite, radikalere Innovation beinhaltete eine völlige Abkehr von der Mehrheitsregel und die Einführung einer proportionalen Umsetzung von Stimmen in Mandate. Sie wurde maßgeblich gegen den Willen der großen Parteien auf Druck der Bevölkerung hin durchgesetzt. Ursachen, Prozeß und

---

25 Bis 1881 existierten Wahlkreise mit einem bis zu drei Abgordneten. Vgl. McRobie (1995), S. 314.

26 Vgl. The Electoral Law of New Zealand. A Brief History, in: Royal Commission on the Electoral System (1986), A-1 - A-106, hier A-53.

27 Vgl. McRobie (1995), S. 314.

Folgen dieses Wandels von unten werden im weiteren Verlauf der Arbeit im Zentrum stehen.

3.1.2 Von der territorialen zur Volksrepräsentation

Mit der Übernahme des britischen Wahlsystems hatte Neuseeland auch das Prinzip der territorialen Repräsentation ererbt, das für das Mutterland Großbritannien historisch rekonstruiert werden kann:[28]
Im Mittelalter waren wichtige ökonomische Interessen auf territorialer Basis organisiert. Land stellte für den mittelalterlichen Staat eine Schlüsselressource dar, und so war es nur natürlich, für das frühe englische Parlament die *counties* auch als grundlegende Einheit der politischen Repräsentation zu übernehmen. Auch der Handel mußte an einem Ort - den mittelalterlichen Städten - betrieben werden; die Vertretung kommerzieller Interessen durch die *boroughs* galt demgemäß als ebenso selbstverständlich. Repräsentation im Mittelalter war also an agrarische und städtische Gemeinschaften gebunden. Daß das territoriale Prinzip in Großbritannien über Jahrhunderte hinweg beibehalten wurde, beruht hauptsächlich auf der Abwesenheit eines Regimezusammenbruchs oder einer Krise im 19. bzw. 20. Jahrhundert.

In Neuseeland diente das Territorialprinzip von Anfang an Gruppen- und Parteiinteressen. So wurde mit Etablierung der Einerwahlkreise im Jahr 1881 eine sog. *country quota* festgelegt, die eine zulässige Abweichung von der Standardbevölkerungsquote pro Wahlkreis von bis zu 18% vorsah - Stimmen aus städtischen Gebieten hatten also einen weit niedrigeren Erfolgswert. Die *country quota* blieb über 60 Jahre ein zentrales Merkmal des neuseeländischen Wahlsystems;[29] in ihr manifestierte sich die lange Zeit herausragende gesellschaftliche und politische Position der Farmer:
Ab den 1860er Jahren war der landwirtschaftliche Sektor von zentraler Bedeutung für die neuseeländische Wirtschaft.[30] Als Produzenten des gesellschaftlichen Reichtums sahen sich die Farmer im Vergleich zu den Stadtbewohnern als moralisch überlegene Schicht - hier hatte sich Engels alptraumhafte Beschreibung von Manchester in das Gedächtnis der britischen Migranten eingebrannt. Da das Wahlrecht - wie erwähnt - bis 1889 an materielle Qualifikationen gebunden war, stellten die Landbesitzenden politisch eine besonders einflußreiche und privilegierte Gruppe dar. Der wachsende Wohlstand auch der kleineren landwirtschaftlichen Betriebe führte zum 'Goldenen Zeitalter' (1900-1921) der neuseeländischen Bauern. Als deren politische Vertretung bildete sich 1909 die *Reform*

---

28 Zur historischen Entwicklung der territorialen Repräsentation in Großbritannien vgl. Reeve/ Ware (1992), S. 47-49.

29 Zur Geschichte der *country quota* vgl. The Electoral Law of New Zealand. A Brief History, in: Royal Commission on the Electoral System (1986), A-1 - A-106, hier A-40 - A-65.

30 Vgl. Bremer/ Brooking (1993).

Party, welche bis 1935 die Regierung stellte. Brooking umschrieb diese enge Verflechtung zwischen Landwirtschaft und staatlicher Macht mit "government of farmers, by farmers, for farmers"[31].

Ab 1935 entstand in Neuseeland ein Zweiparteiensystem mit den Protagonisten *Labour* und *National*; beide Akteure versuchten, den Wahlmodus gemäß ihrem eigenen strategischen Kalkül auszurichten. *Labour* setzte 1945 dem unabhängigen Profil der für die Wahlkreiseinteilung zuständigen *Representation Commission* ein Ende, denn die Mehrheit ihrer Mitglieder konnte nun von der jeweiligen Regierung ernannt werden.[32] Die zulässige Differenz zwischen der Bevölkerungszahl der einzelnen Wahlkreise wurde noch im gleichen Jahr auf 500 erwachsene Personen reduziert;[33] dieser Wert galt für alle europäischen Wahlkreise - damit war die *country quota* abgeschafft. Die Reformmaßnahme *Labours* markierte die Zurückdrängung des territorialen Prinzips zugunsten der Repräsentation von Personen. Gleichzeitig ist sie als bewußter Akt des *gerrymandering* zu werten - durch eine Nivellierung der Bevölkerungsquote sollte der Wahlvorteil *Nationals* in ländlichen Gebieten eingeschränkt werden. Nach der Regierungsübernahme 1949 ersetzte *National* die Mitglieder der *Representation Commission* durch eigene Nominierungen, die Toleranzgrenze wurde wieder ausgeweitet: Nun betrug die zulässige Abweichung von der Standardbevölkerungsquote 7,5%. Durch diese kurz aufeinanderfolgenden Eingriffe in den Zuschnitt der Wahldistrikte sahen sich die beiden großen Parteien zunehmend mit dem Vorwurf der Manipulation konfrontiert.[34]

Erst durch das Wahlgesetz von 1956 wurde die *Representation Commission* dem direkten parlamentarischen Zugriff entzogen; eine klare Mehrheit der acht Gremiumsmitglieder sollte aus politisch neutralen Verwaltungsbeamten bestehen, um ein Mindestmaß an Fairneß und Unparteilichkeit zu gewährleisten.[35] Der

---

31 Bremer/ Brooking (1993), S. 110

32 Vor dem *Electoral Amendment Act* von 1945 stellten die von der Regierung ernannten Mitglieder der Kommission nie die Mehrheit: So saßen in dem Ausschuß drei leitende Staatsbeamte, deren Neutralität kaum je in Frage gestellt wurde (Leiter des staatlichen Finanzwesens, oberster Rechnungsprüfer und Leiter des staatlichen Landvermessungsamtes); weitere drei Mitglieder konnten von der Exekutive ernannt werden, sie durften jedoch nicht dem öffentlichen Dienst oder dem Parlament angehören. Nach der Reformmaßnahme *Labours* umfaßte die Kommission den Leiter der Landvermessungsbehörde als Vorsitzenden und vier weitere Mitglieder, die vom Parlament - de facto also vom Kabinett - bestimmt wurden. Vgl. The Electoral Law of New Zealand. A Brief History, in: Royal Commission on the Electoral System (1986), A-1 - A-106, A-41 und A-65.

33 Vgl. ebd., A-65.

34 Vgl. McRobie (1995), S. 316.

35 Fünf Mitglieder der *Representation Commission* waren leitende Staatsbeamte: die jeweiligen Leiter des staatlichen Vermessungsamtes, des Statistikbüros und der Wahlbehörde, der Direktor der staatlichen Postbehörde und der Vorsitzende der *Local Government Commission*. Zwei Mitglieder der Kommission repräsentierten die Regierungs- bzw. die Oppositionspartei; der Leiter

Toleranzspielraum bezüglich der Wahlkreise bemaß sich nun auf 5%. Die im Parteienkonsens erreichte Reform von 1956 spiegelt den Wandel der Repräsentationsvorstellung von der territorialen zur Volksvertretung wider. Beide Prinzipien wurden im Sinne des demokratischen Paradigmas *one man, one vote* ausbalanciert. Damit emanzipierte man sich deutlich vom britischen Mutterland, wo die *representation of places* nach wie vor oberste Priorität genießt. Noch heute gibt es in Großbritannien keine quantitativ exakten Standards für die Wahlkreiseinteilung, die *electoral quota* ist nur als Postulat formuliert.[36]

Wie beschrieben, war die erste Umgestaltung des neuseeländischen Wahlsystems ein Werk der politischen Elite. Die Adaption eines Verhältniswahlrechts basierte dagegen auf dem Wunsch der Bevölkerung, dem Handeln der politischen Akteure durch eine institutionelle Reform neue Legitimität zu verleihen. Die Suche nach den Ursachen für diese Forderung bewegt sich auf zwei Ebenen: Zunächst wird der Majoritätsmodus auf seine direkten Effekte im Kontext eines sich wandelnden Wählerverhaltens und Parteiensystems befragt. Verbunden ist dies mit einer Diskussion wesentlicher Positionen zum Thema der Wirkungsweise unterschiedlicher Wahlsysteme. In einem zweiten Schritt stehen die politischen Entscheidungsträger - ihr Zusammenspiel und ihre Kommunikation mit den Wählern - im Vordergrund.

3.1.3 Die Mehrheitsregel im Kontext sozialen Wandels

Theoretische Positionen zur Beziehung von Wahl- und Parteiensystem

In der klassischen Literatur zu den Auswirkungen von Wahlsystemen wurde anfangs eine kausale Beziehung zwischen Majoritätsmodus und Zweiparteiensystem hergestellt. So heißt es bei Duverger:

> "An almost complete correlation is observable between the simple-majority single-ballot system and the two-party system: dualist countries use the simple-majority vote and simple-majority vote countries are dualist."[37]

Zu ähnlichen Aussagen kam Douglas Rae, aber er lehnte es deutlicher als Duverger ab, sozialwissenschaftliche Gesetzmäßigkeiten zu postulieren; statt dessen

---

des Gremiums wurde von den erwähnten Mitgliedern ernannt und durfte weder aus dem Staatsdienst noch aus dem Abgordnetenhaus kommen. Vgl. *Electoral Act* 1956, II, Section 15 (2).

36 Zur Wahlkreiseinteilung in Großbritannien vgl. Johnston (1986).

37 Duverger (1967), S. 217. Doch schon Duverger stellte diesen von ihm beschriebenen Zusammenhang nicht als Gesetz auf, sondern wies lediglich auf die Tendenz hin. Nicht überall - so seine Einschätzung - würde die Anwendung des Mehrheitswahlrechts zu den gleichen Resultaten führen. Die Effekte von politischen Institutionen seien immer auch historisch pfadabhängig; so würde die Einführung von FPP in Frankreich mit seinem tief verwurzelten Mehrparteiensystem wenn überhaupt dann erst langfristig zu einer Zweiparteien-Dominanz führen. Vgl. Duverger (1967), S. 228.

sprach er von Tendenzen und Wahrscheinlichkeiten.[38] Rae wurde vor allem wegen seiner Statistiken rezipiert und genutzt, wenig Beachtung fanden dagegen seine Thesen zu den Konsequenzen von Wahlsystemen. Vor dem Hintergrund der von ihm identifizierten abweichenden Fälle Kanada und Österreich[39] schlug Rae folgende revidierte Neufassung der Duvergerschen Hypothese vor:

> "Plurality formulae are always associated with two-party competition except where strong local minority parties exist, and other formulae are associated with two-party competition only where minority elective parties are very weak."[40]

Heute ist es wissenschaftlicher Konsens, daß die Beziehung Wahlsystem - Parteiensystem nicht in einem Kausalgesetz ausgedrückt werden kann. Um dennoch eine Klassifizierung zu ermöglichen, hat Sartori die operationalisierbaren Kategorien *facilitating* und *obstructive* in die Debatte eingeführt.[41] Dieses Begriffspaar ersetzt die bei Duverger und Rae verwendeten notwendigen bzw. hinreichenden Bedingungen. Nach Sartori kann der Effekt eines Wahlsystems auf den Wähler entweder *constraining* oder *unconstraining* sein. Ein Wahlsystem, das unzweifelhaft manipulativen Einfluß hat, wird als *strong electoral system* bezeichnet. Wenn ein Wahlverfahren keinen oder nur minimalen Einfluß ausübt, wird es als *feeble electoral system* klassifiziert. Diese Dichotomie beschreibt jedoch kein entweder - oder, sondern bildet nur die beiden Enden eines Kontinuums. Der Ausgangs- oder Nullpunkt beschreibt eine exakte proportionale Repräsentation.

Zum Begriff des Zweiparteiensystems hat Sartori folgende Konzeptualisierung vorgelegt:[42]

1. Zwei Parteien konkurrieren um die absolute Mehrheit der Parlamentssitze.
2. Eine der großen Parteien erzielt in den Wahlen eine parlamentarische Mehrheit.
3. Diese Partei ist bereit, allein zu regieren.
4. Es besteht die realistische Möglichkeit, daß die Macht zwischen den beiden Parteien alterniert.

---

38 Vgl. Rae (1967).

39 Rae weist an diesen beiden Ländern nach, daß die Annahme, das Mehrheitswahlrecht sei eine notwendige und hinreichende Bedingung für ein dualistisch strukturiertes Parteiensystem, nicht aufrechterhalten werden kann. Denn der Majoritätsmodus erwies sich in Kanada nicht als hinreichende Bedingung für ein Zweiparteiensystem und in Österreich nicht als notwendige Bedingung für die Dominanz von nur zwei politischen Akteuren. Vgl. ebd., S. 95.

40 Vgl. ebd.

41 Vgl. Sartori (1986), S. 51. Zum Folgenden vgl. ebd., S. 54.

42 Vgl. Sartori (1976), S. 188.

Sartoris Definition schließt nicht aus, daß mehr als zwei Parteien existieren. Entscheidendes Merkmal ist jedoch, daß nur zwei Wettbewerber nach der Regierungsmacht streben und der Sieger diese ausschließlich erhält.

Wie Nohlen richtig festgestellt hat, reicht es bei der Wirkungsanalyse von Wahlsystemen nicht aus, nach der unmittelbaren Beziehung von Wahl- und Parteiensystem zu fragen, sondern es muß auch die gesellschaftliche Situation berücksichtigt werden.[43] Dabei sind die soziopolitischen Bedingungen, von denen die Auswirkungen mit abhängen, nicht konstant. Ein tradiertes Wahlverfahren kann innerhalb eines Landes infolge des Wandels sozialer Strukturen und Verhaltensweisen unterschiedliche Effekte hervorrufen. Wahlsysteme, die in einer bestimmten Epoche nachgewiesenermaßen integrierend und mehrheitsbildend gewirkt haben, können diese Wirkungsrichtung unter veränderten Bedingungen einbüßen.

Die folgende Analyse untersucht die politische Konstellation in Neuseeland im Hinblick auf Sartoris Definition eines Zweiparteiensystems. Darüber hinaus gilt es den nun abgeschafften Majoritätsmodus zwischen den Polen *strong* und *feeble* einzuordnen; in diesem Zusammenhang ist der Wandel des Abstimmungsverhaltens von zentraler Bedeutung. Schließlich stellt sich die Frage nach der Legitimierungsfunktion von Wahlen: Inwiefern sind die unmittelbaren Effekte von *First-Past-the-Post* als Motor für einen institutionellen Wechsel zu werten?

Class Voting und Zweiparteiensystem

Das Jahr 1935 kann als Wendemarke in der Geschichte des neuseeländischen Parteiensystems betrachtet werden. *Labour*, 1916 gegründet, gewann erstmals die Wahlen und übernahm die Regierung.[44] Die Anti-*Labour*-Kräfte waren nun zur Zusammenarbeit gezwungen und formierten sich 1936 als *National Party.*[45] *National* gelang es, innerhalb kürzester Zeit eine landesweite Organisationsstruktur mit 100.000 Mitgliedern aufzubauen, und hatte sich in den 1950er Jahren als zweite Massenpartei neben *Labour* etabliert.[46] Innerhalb dieses kompetitiven Zweiparteiensystems war die Machtposition zwischen den beiden Kontrahenten jedoch ungleich verteilt. Bezogen auf die Jahre 1935 bis 1996 war *National* fast

---

43 Vgl. Nohlen (1986), S. 210-220.

44 Zu den Wahlergebnissen von 1935 bis 1996 vgl. Anhang A.

45 Die konservativen Parteien Neuseelands, *Reform* und *United*, bildeten zwischen 1931 und 1935 - also zur Zeit der Großen Depression - eine Koalitionsregierung. Der *Labour*-Sieg von 1935 war maßgeblich auf die Uneinigkeit zwischen den beiden Partnern zurückzuführen. Vgl. Wood (1992), S. 289.

46 Die *Labour Party* umfaßte Mitte der 1950er Jahre rund 38.000 offiziell ins Parteiregister eingetragene Personen. Zusammen mit den Gewerkschaften, die der Partei organisatorisch angegliedert sind, belief sich die Mitgliederzahl auf knapp 136.000. Vgl. Levine (1979), Table 4.2, S. 71.

10 Jahre länger im Amt als Labour und konnte auf sehr viel größere zusammenhängende Phasen der Amtsausübung zurückblicken.[47]

Zurückzuführen ist die Herausbildung dieser dualen Struktur auf die enge Verbindung zwischen Schichtzugehörigkeit und parteipolitischer Präferenz. Alford entwickelte für die anglo-amerikanischen Demokratien den sog. *Index of Class Voting;*[48] ein Wert von +100 zeigt reines *Class Voting* an, wohingegen der Wert von null die Tatsache beschreibt, daß kein Zusammenhang zwischen Schichtzugehörigkeit und Wählerverhalten besteht. Mitte der 1960er Jahre befand sich die Erforschung des Phänomens *Class Voting* für Neuseeland noch in einem frühen Stadium. Es existierten lokal begrenzte Interviewerhebungen aus städtischen Wahlkreisen - so aus *Wellington Central*, *Dunedin Central* und *Palmerston North*, wobei sich der Untersuchungszeitraum auf die Jahre 1957 bis 1963 erstreckte.[49] Auf eine dieser Studien bezog sich Alford und errechnete daraus für den neuseeländischen Kontext einen Index von +40.[50] Der Wert ist dem Großbritanniens zwischen 1952 und 1962 vergleichbar und nimmt sich im Verhältnis zu Australien (+33), den Vereinigten Staaten (+16) und Kanada (+8) sehr hoch aus.[51]

Robinson versuchte den Alfordschen Ansatz auf Neuseeland anzuwenden[52], hier ergaben sich für ihn jedoch zwei Schwierigkeiten. Zum einen war zu diesem Zeitpunkt nur ein Wahlkreis so aufbereitet, daß man ihn auf die einfache Dichotomie *manual - nonmanual* herunterbrechen konnte[53]. Zum anderen konnten die Farmer als wichtige klassenbewußte Berufskategorie nicht ohne weiteres in diese Zweiteilung eingeordnet werden. Als hochgradig repräsentativen Wahlkreis für städtische Gebiete stützte sich Robinson auf die Ergebnisse von *Palmerston North* (1963)[54]; Tabelle 2 verknüpft die Variablen Schichtzugehörigkeit und Wahlverhalten und zeigt die starke Unterstützung für *Labour* in der *working class* sowie den progressiven Abfall von *Labour* bzw. spiegelbildlich den Aufstieg von *National* in der *middle* und *upper middle class*.

---

47 Vgl. Anhang B.

48 Der *Index of Class Voting* wird nach Alford folgendermaßen berechnet: Prozentsatz der Personen in manuellen Berufen, die Linksparteien wählen, minus Prozentsatz der Personen in nichtmanuellen Berufen, die Linksparteien wählen. Nicht das Niveau der Links-Stimmen insgesamt ist also entscheidend, sondern die Kluft zwischen dem Wahlverhalten von manuell und nichtmanuell Tätigen. Vgl. Alford (1963), S. 79 f.

49 Vgl. Milne (1958); Mitchell (1962); Brookes/ Ashenden (1967).

50 Vgl. Alford (1963), S. 105. Der Wert gilt für *Dunedin Central*.

51 Vgl. ebd., S. 102.

52 Zum Folgenden vgl. Robinson (1967), S. 95-100.

53 Dies war eben der von Alford herangezogene Wahlkreis *Dunedin Central*.

54 Nach Robinson ist *Palmerston North* in demographischer Hinsicht hochgradig typisch für Neuseelands städtische Gebiete. Politisch waren die Zustimmungsquoten für *Labour* und *National* lange Zeit auf etwa gleichem Niveau. Vgl. Robinson (1967), S. 97.

Tab. 2: Subjektive Schichtzugehörigkeit und Wahlverhalten

Subjective Class and Vote: Percentage of Each Class Voting for Each Party in Palmerston North Electorate, 1963

Voting choice	%	No.	1 Working Class	2 Middle closer to working class	3 Middle class undifferentiated = (2+4)	4 Middle closer to upper-middle	5 Upper-middle	6 Don't know
Did not vote	5	(11)	5 (6)	2 (1)	2(2)	2 (1)		30 (3)
Labour	42	(99)	**63 (72)**	**34 (19)**	**25 (25)**	**13 (6)**		20 (2)
National	45	(104)	**25 (28)**	**50 (28)**	**61 (61)**	**75 (33)**	**100 (10)**	50 (5)
Social Credits	4	(10)	3(3)	9 (5)	7 (7)	5 (2)		
Liberal	1	(2)	2 (2)					
No answer	3	(7)	2 (2)	5 (3)	5 (5)	5 (2)		
Totals	10 0	(223)	100	100	100	100	100	100
	N o.	233	113	56	100 = (2+4)	44	10	10

Note: Numbers are given in parentheses alongside percentages.
Quelle: Robinson (1967), S. 98.
Anm.: Hervorhebungen (fett) d. d. Verf.

Trotz fehlender nationaler Wählerstudien ließen die Wahlstatistiken offenbar Aussagen über das politische Verhalten in ländlichen Gegenden und Kleinstädten zu: Die Farmer wählten mit überwältigender Mehrheit die *National Party*, in den Jahren 1963 und 1966 zu etwa 75%. Auch die nicht-landwirtschaftlichen Berufe favorisierten mehrheitlich *National*, Robinson bringt dies mit dem vorherrschenden Meinungsklima in agrarisch geprägten Gebieten und der dominanten Anti-Gewerkschaftshaltung in Verbindung[55].

Auch wenn der Alford-Index auf nationaler Ebene nie auf Neuseeland angewandt wurde, kann die These vom *Class Voting* für die ersten Jahrzehnte nach Etablierung des Zweiparteiensystems einige Plausibilität für sich beanspruchen. Es ist jedoch schwierig zu bestimmen, wann die Determinante *Class* an Bedeu-

55 Vgl. ebd., S. 98 f.

tung für das Wählerverhalten verloren hat, denn bis in die 1970er Jahre gab es keine umfassenden Studien zur sozialen Schichtung in Neuseeland.[56]

Gesellschaftliche Pluralität und *Dealignment*

Das Beziehungsfeld Wahlverfahren, Abstimmungsverhalten und parlamentarische Repräsentanz der Parteien entspricht in Neuseeland nur für einen sehr begrenzten Zeitraum einem geschlossenen System. Bereits Mitte der 1950er Jahre reflektierte das Duopol *National* und *Labour* nicht mehr die pluralen Entscheidungen der Wählerschaft. Die Bindungen an die beiden großen Parteien zeigten sich als zunehmend instabil. Dieser Prozeß des *Dealignment* ist an verschiedenen Faktoren - je nach Zeitphase in unterschiedlicher Intensität - ablesbar.

Die Wahlbeteiligung in Neuseeland (Abb. 1) sank von 92,9% im Jahr 1938 auf rund 76% im Jahr 1990. 1938 erreichte die politische Partizipation ihren historischen Höchststand - zu erklären ist dies mit dem gleichzeitig größtem Wahltriumph *Labours* in der politischen Geschichte Neuseelands. McCraw klassifiziert den Urnengang von 1938 als seltenes Ereignis einer *Consolidating Election*, bei der die regierende Partei ihren Stimmenanteil noch erhöhen konnte.[57] Ihren Tiefststand erreichte die Wahlbeteiligung 1966, ein Jahr, das gleichzeitig den exakten Mittelpunkt von *Nationals* politischer Dominanz zwischen 1949 und 1984 markiert. Das Ansteigen der Partizipationskurve fällt mit dem nachfolgenden Wiederaufstieg Labours zusammen. 1984 erreichte die Wahlbeteiligung einen neuen Höhepunkt von 85,5%, 1987 fiel die Kurve jedoch wieder - sogar unter das Niveau von 1966.

---

56 Im Jahr 1977 erschien die erste maßgebliche Monographie zu diesem Thema: vgl. Pitt (1977); In den darauffolgenden Jahren: Bedggood (1980); Pearson (1983).

57 McCraws Klassifizierung der Wahlen zwischen 1935 und 1978 läßt vier mögliche Akteure gelten, wobei neben Regierung, Opposition und Drittparteien auch die Wahlenthaltung als eigene Variable gewertet wird. Je nachdem, wie *loser* und *gainer* in diesem Akteursfeld verteilt sind, wird die Wahl als einer der folgenden sechs Typen eingeordnet: *Opposition Reinforcing, Third Party Protest, Abstaining, Consolidating, Normalising, Opposition Abstention.* Die Einführung der Wahlenthaltung als selbständigen Einflußfaktor hat den Vorteil, eine differenzierte Analyse des Stimmenverlusts der Regierungspartei vornehmen zu können: Fließen die Stimmen von der Regierung zur Oppositionspartei ab oder ist der hohe Anteil an Nichtwählern für ein schlechtes Ergebnis verantwortlich? Vgl. McCraw (1981), S. 163-174.

Abb. 1: Wahlbeteiligung 1935-1993

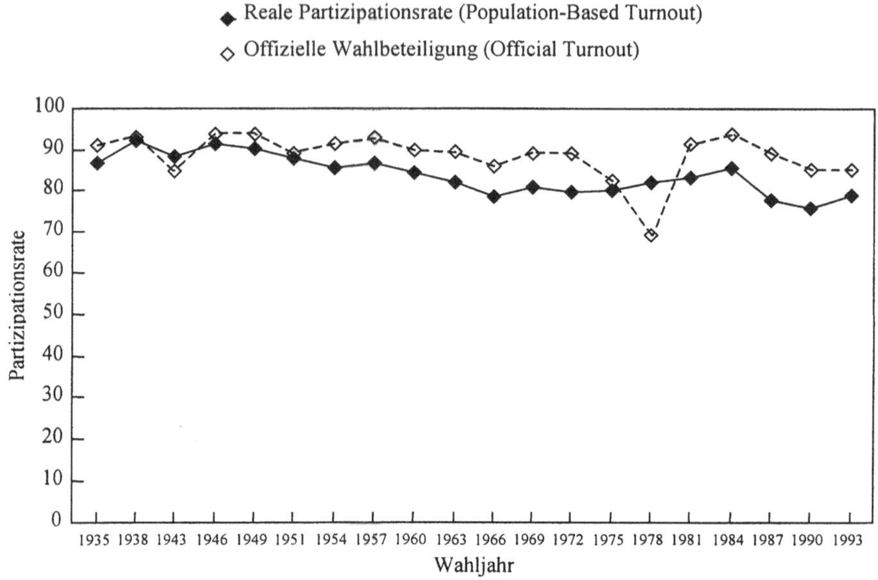

Quellen: Daten von 1935-84: Nagel (1988), S. 20; Daten von 1987: Levine/ Roberts (1991), S. 9; Daten von 1990: Levine/ Roberts (1994a), S.53.

Anm.:

Official Turnout: Es werden nur die Personen erfaßt, deren Namen auf dem Wahlregister eingetragen sind. Nicht registrierte, aber wahlberechtigte Personen bleiben unberücksichtigt

Population-Based Turnout: Alle Wahlberechtigten werden einbezogen. Die Beteiligungsrate bezieht sich auf den Anteil der Personen, die eine gültige Stimme abgegeben haben.

Trotz der skizzierten Auf- und Abwärtsbewegung ist insgesamt eine deutlich sinkende Tendenz im Partizipationsniveau zu verzeichnen. Obgleich Neuseeland im Vergleich mit anderen Westminster-Staaten traditionell eine Spitzenposition in der Wahlbeteiligung einnimmt[58], deutet der steigende Prozentsatz an Nichtwählern auf eine nachlassende Bindungwirkung der beiden großen Parteien hin. Daß sich die Wähler schon früh vom klassischen Modell eines Zweiparteiensystems entfernten, bestätigt auch ein Blick auf die Stimmenanteile für *National* und *Labour* (Abb. 2). Konnten die beiden Parteien in den Jahren 1946 bis 1951

58 In der angelsächsischen Welt rangierte Neuseeland im Zeitraum von 1960 bis 1978 auf Platz zwei hinter Australien, wo seit 1925 Wahlpflicht besteht. Kanada und Großbritannien (71% bzw. 74% der Wahlberechtigten) sowie die Vereinigten Staaten (59%) wiesen in der angegebenen Periode weit niedrigere Durchschnittszahlen auf. Vgl. Bean (1986), Table 1, S. 58.

noch Zustimmungswerte von beinahe 100% verbuchen, so reduzierte sich ihr Anteil 1954 durch den erstmals signifikanten Wahlerfolg einer Drittpartei auf 88,4%. In der Phase zwischen 1954 und 1975 lag der durchschnittliche Stimmenanteil für *National* und *Labour* bei rund 89%. In den Wahlgängen ab 1978 brachen die Zustimmungswerte erneut ein und erreichten 1993 einen Tiefpunkt von weniger als 70% der gültigen abgegebenen Stimmen; bezogen auf die registrierte Wählerschaft betrug die Unterstützung weniger als 60%.

Abb. 2: Stimmenanteile National und Labour 1935-1993

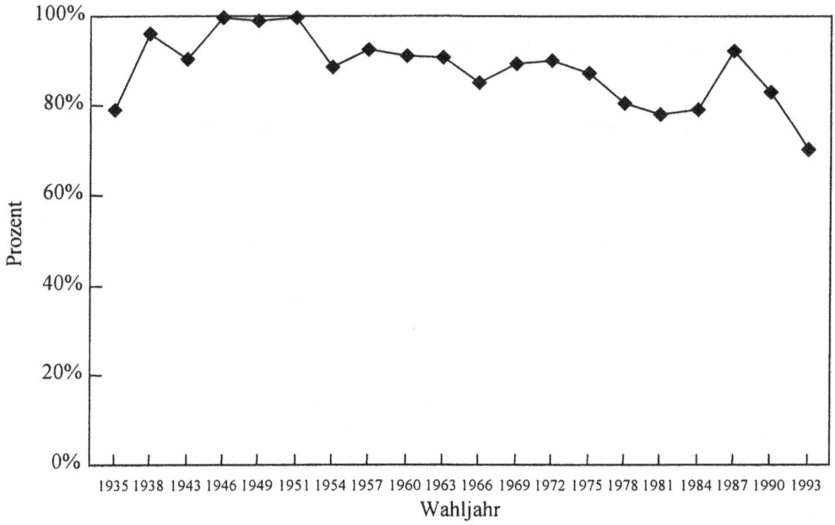

Quelle: The New Zealand Politics Source Book (1994), S 121-127

Komplementär zur nachlassenden Anziehungskraft der großen Parteien verhielten sich die Wahlergebnisse der kleineren Akteure.[59] 1954 verbuchte *Social Credit* 11,1% der Stimmen. Parallel zum stetigen Sinken des Proporzes für *National* und *Labour* war von da an eine generell steigende Erfolgskurve der Drittparteien zu verzeichnen.[60] 1993 betrug ihr Stimmenanteil insgesamt 30,3%. Dennoch finden sich innerhalb dieses Zeitraums größere Fluktuationen. In diesem Zu-

59 Zu den Wahlergebnissen der kleineren Parteien von 1935 bis 1993 vgl. Anhang C.

60 Es ist zu vermuten, daß das reguläre Auftreten von Drittparteien durch die überschaubare Größe Neuseelands erleichtert wird. So sind z. B. weniger Ressourcen nötig, um eine nationale Organisationsstruktur aufzubauen und zu erhalten.

sammenhang sticht besonders das Wahljahr 1987 ins Auge, in dem der Anteil der Drittparteien im Vergleich zum Vorjahr von 21,1% auf 8% einbrach. Diese Revitalisierung des Zweiparteiensystems auch auf Stimmenebene erwies sich jedoch als flüchtiges Phänomen, denn 1990 setzte sich das Element des Protestes gegenüber *Labour* und *National* wieder durch; beinahe ein Drittel der Registrierten wählte eine Drittpartei, einen unabhängigen Kandidaten oder machte vom Stimmrecht keinen Gebrauch.

Die oben skizzierten Phänomene - der Rückgang der Wahlbeteiligung und des Stimmenanteils für die beiden großen Parteien sowie die Karrieren der kleineren Akteure - verweisen auf die Loslösung der Wähler von traditionell starken Parteibindungen. Um diese Pluralisierung des Abstimmungsverhaltens erklären zu können, greife ich noch einmal auf das Konzept des *Class Voting* zurück.

Bean hat für das Jahr 1981 acht neuseeländische Wahldistrikte ausgewählt, um auf sie den Alford-Index (Abb. 3) anzuwenden;[61] seine Studie ist den Datensätzen der 1950er und 60er Jahre überlegen, da sie regional übergreifend angelegt ist und auf einer größeren Stichprobenanzahl basiert. Sein Ergebnis: Der Level des schichtspezifischen Wählerverhaltens lag 1981 bei +16 - ein Wert, der nicht nur in bezug auf Neuseeland, sondern auch im Vergleich mit Australien und Großbritannien als relativ niedrig anzusehen ist.[62] Nach Bean hängt die Abnahme des *Class Voting* eng mit dem Auftreten neuer Alterskohorten zusammen, die weniger der traditionellen Parteibindung der älteren Generation verpflichtet sind.[63] Mit jeder Generation hat sich die Intensität des schichtspezifischen Wählerverhaltens verringert. Nach der *cohort replacement thesis* ist das Aufbrechen der engen Klammer zwischen Partei und Klasse vor dem Hintergrund eines säkularen Wandels zu beschreiben, bei dem das Wahlverhalten des einzelnen immer weniger durch den sozialen Status vorgeprägt ist[64]. Erweitert man den zeitlichen Horizont des Alford-Index, so sinkt er bis auf den Wert von +5 herab.

---

61 Zum Folgenden vgl. Bean (1988).

62 Auch wenn die Daten für Neuseeland aus oben erwähnten Gründen bis in die 1970er Jahre nur unter Vorbehalt gültig sind, zeigt sich dennoch ein deutlicher Niveauunterschied zwischen den Indizes Großbritanniens (1981: +27), Australiens (1981: +20) und Neuseelands. Vgl. ebd., Figure 1, S. 311.

63 Vgl. hierzu ebd., Figures 2 und 3, S. 313 und 315.

64 In diesem Zusammenhang bleibt festzuhalten, daß die politische Polarisierung zwischen *manual-* und *non-manual*-Gruppen gesunken ist. Das schichtspezifische Wählerverhalten ist bei den *manual workers* jedoch weit stärker ausgeprägt. Vgl. ebd., Table 1, S. 315.

Abb. 3: Class Voting in Neuseeland 1963-1993
auf der Basis Manual / Non-manual (Alford-Index)

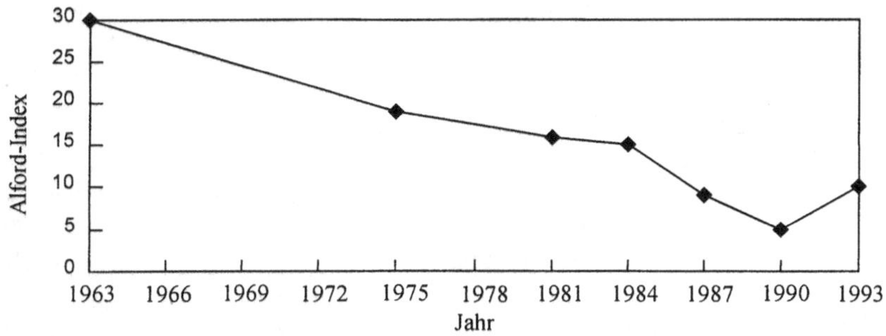

Quelle: Vowles u.a. (1995), S. 21.

1993 - zum ersten Mal seit 30 Jahren - stieg die Punktzahl wieder an. Vowles und Aimer sprechen in diesem Zusammenhang von einem sich abzeichnenden *Realignment* entlang des sozioökonomischen *Cleavage*. Ein Jahrzehnt marktradikaler Reformen in Neuseeland hat offenbar den wirtschaftlichen Verteilungskonflikt wieder neu betont.[65]

Ähnlich wie Bean stützt sich auch Inglehart auf das Argument des Intergenerationenwandels; ausgehend von Kohortenanalysen versucht er einen Wechsel in den kulturellen Orientierungen der westlichen Welt nachzuweisen.[66] Die Jungen - so sein Ergebnis - betonen postmaterialistische Werte weit mehr als die Alten; das führt zu einer neuen politischen Achse, die auf dem Konflikt zwischen postmaterialistischen und traditionellen kulturellen Werten beruht.[67] Inglehart schätzt, daß bis zum Jahr 2000 etwa die Hälfte der erwachsenen Bevölkerung durch Postmaterialisten ersetzt sein wird.[68]
Tatsächlich konnten sich in Neuseeland seit den 1970er Jahren neue Themen auf der politischen Agenda durchsetzen; ein neuer Gegensatz brach auf - der zwischen den *old politics* und *new politics*.[69] Die "alte" Politik befaßte sich mit der Rolle des Staates in der Wirtschaft; die gegensätzlichen Positionen hierzu lassen

65 Die Vierte *Labour*-Regierung öffnete 1984 Neuseelands Wirtschaft radikal für ausländische Märkte und stellte bisherige Garantien des sozialen Sicherungssystems zur Disposition. Vgl. hierzu die Erläuterungen, in Kap. 3.2.3: "Der radikale Marktliberalismus der vierten *Labour*-Regierung".

66 Vgl. Inglehart (1990).

67 Vgl. ebd., S. 286.

68 Vgl. ebd., Figure 2.8, S. 102.

69 Vgl. hierzu Vowles u.a. (1995), S. 100 ff.

sich schlaglichtartig mit den Oppositionen Regulierung vs. Deregulierung sowie Staatseigentum vs. Privatisierung umreißen. Ein weiteres Schlüsselthema betraf die Rolle der Gewerkschaften. Die "neue" Politik artikulierte sich am deutlichsten in den 1980er Jahren. Wichtige Themen waren hier die Ablehnung von Nuklearwaffen, der Umweltschutz, die Gleichstellung der Frauen und Gerechtigkeit für die Maori.

Die Auffächerung der Konfliktdimensionen war von der Entstehung einiger neuer Parteien begleitet. Zunächst zeigte das Auftreten der *Values,* der weltweit ersten ökologisch orientierten Partei, im Jahr 1972, daß sich neben dem sozioökonomischen *Cleavage* auch der Umweltschutz als Motivationsfaktor für die Wahlentscheidung durchsetzen konnte. Die Prozentpunkte der *Values* blieben jedoch auch in den Jahren 1975 und 1978 gering, so daß die Partei unter den Bedingungen des Mehrheitswahlrechtes von einer parlamentarischen Repräsentation stets weit entfernt war.[70] 1987 stellte sich *Mana Motuhake* zur Wahl, eine Partei, welche die Durchsetzung der Maori-Interessen zum Ziel hatte; sie erreichte von Beginn an keine nennenswerten Stimmengewinne und schloß sich 1990 dem linksliberalen Bündnis *Alliance* an. Im gleichen Jahr bewarben sich erstmals Kandidaten der *Green Party* um einen Sitz im *House of Representatives.* Sie erlangten einen Achtungserfolg von 6,8% der Stimmen, entschieden sich beim nächsten Urnengang jedoch ebenfalls zu einer Kooperation mit anderen Gruppen unter dem Dach der *Alliance.*

Die temporären Karrieren der Drittparteien spiegelten sich auf der Ebene der parlamentarischen Repräsentation nicht wider. Der Majoritätsmodus zeigte sich eindeutig als intervenierende Variable, da er eine Transformation des neuseeländischen Parteiensystems blockierte - in diesem Zusammenhang kann zwischen *voter (de)alignment* und *legislative (de)alignment* unterschieden werden.[71] Die Lockerung ehemals relativ stabiler Präferenzen in der Wählerschaft konnte unter den Bedingungen des Mehrheitswahlrechts nicht zur Herausbildung neuer, dauerhafter Wählerbindungen und Parteigruppierungen führen.
Die Erfolge der Drittparteien hatten ebenfalls keine Auswirkungen auf die alternierende Regierungsübernahme durch einen der beiden dominanten Akteure. Das Funktionieren eines Zweiparteiensystems ist auf die marginale Rolle der kleineren politischen Gruppierungen angewiesen. Seine Mechanismen folgen dann nicht mehr dem oben vorgestellten Schema Sartoris, wenn eine aggressive Drittpartei auf Kosten eines größeren Akteurs Stimmengewinne erzielt. Wenn die beiden großen Parteien nicht mehr auf vergleichbarem Niveau sind, wird ein

---

70 So erzielte die Umweltpartei 1972 lediglich 2% der Stimmen, 1975 5,2% und 1978 2,4%. Die *Values* traten zwar noch bis zu den Wahlen von 1987 an, ihre Prozentpunkte rangierten jedoch im Bereich des Bedeutungslosen. Vgl. Anhang C.

71 Vgl. Vowles (1997), S. 190.

Regierungswechsel blockiert. Eigenschaft vier aus Sartoris Merkmalskatalog wäre dann nicht mehr erfüllt. In Großbritannien ist der Fall eingetreten, daß die Alternation der Regierungen nicht mehr gewährleistet war. Seit 1945 waren die Konservativen in 33 der nachfolgenden 50 Jahre an der Regierung, zwischen 1918 und 1993 regierten sie 50 Jahre entweder allein oder in einer informellen Koalition.[72] In Neuseeland haben die kleinen Parteien nie eine solche Vetoposition eingenommen; die fluktuierend hohe Unterstützung für sie hat die bipolare Machtstruktur des Parteiensystems nicht in Frage gestellt. Sogar bei der Wahl von 1981, bei der *Social Credit* die Rekordmarke von 20,7% erreichte, lagen *National* und *Labour* ungefähr auf gleichem Stimmenniveau. Auf der Ebene der Sitze trat ganz klar das Zweiparteiensystem zutage; die beiden großen Parteien waren zu 97,8% im Parlament repräsentiert, *Social Credit* nur zu 2,2%. Neuseeland kann also als Beispiel für Sartoris Bemerkung gelten, daß ein dualistisch aufgebautes Parteiensystem möglicherweise auch Drittparteien enthält, ohne daß seine ihm inhärenten Funktionsprinzipien in Frage gestellt werden.[73]

Disproportionale Effekte

Verhältnis- und Mehrheitswahl folgen divergierenden Repräsentationsprinzipien. Dieses besteht beim Majoritätsmodus darin, daß eine Mandatsmehrheit für eine Partei gerade dann zustande kommt, wenn keine absolute Stimmenmehrheit vorhanden ist. Das Verhältniswahlsystem zielt dagegen auf eine möglichst getreue Wiedergabe der in der Bevölkerung bestehenden sozialen Kräfte und politischen Gruppierungen ab.[74]

Es ist evident, daß die Mehrheitsregel keine proportionalen Ergebnisse produziert. Dies ist nicht ihr Auftrag, und die Bevölkerung empfindet ihre Wirkungsweise offenbar bis zu einem gewissen Grad als legitim. Ein Blick auf die Wahlergebnisse in Neuseeland zwischen 1935 und 1993 zeigt Differenzen zwischen Sitz- und Stimmenverteilung von über 20% - hier stechen besonders die Wahljahre 1935 und 1990 hervor. Doch selbst hochgradig disproportionale Resultate

---

72 Vgl. Kavanagh (1994), S. 601.

73 Sartori spricht in diesem Zusammenhang von "twoparty *format*" (Sartori (1976), S. 186).

74 Nohlen betrachtet Mehrheits- und Verhältniswahl als zwei ideengeschichtlich, politisch und systematisch antithetische Prinzipien. Zur Systematisierung von Wahlsystemen unterscheidet er die Entscheidungsregel und das oben erwähnte Repräsentationsprinzip. Bei der Entscheidungsregel des Majoritätsmodus ist die Mandatsvergabe davon abhängig, daß ein Kandidat oder eine Partei die geforderte Mehrheit der Stimmen auf sich vereinigt. Beim Proporzsystem erfolgt die Mandatsvergabe nach dem Anteil der Stimmen, die verschiedene Kandidaten oder Parteien erzielen können. Nohlens Klassifikation der Wahlsysteme orientiert sich an den Repräsentationsprinzipien; denn diese - Mehrheitsbildung oder Abbild der Wählerschaft - seine klar definiert. Die Entscheidungsregelen dagegen sind nachgeordnet, hier gibt es in der Auswahl der Mittel eine große Variationsbreite - in der Bundesrepublik beispielsweise gilt das Verhältniswahlrecht, aber auf der Ebene der disaggregierten Situation in den Wahlkreisen wird das Majorzprinzip in Form von Einzelkandidatur angewendet. Vgl. Nohlen (1990), S. 97 ff.

blieben innerhalb der Logik des Mehrheitswahlsystems, das kleinere politische Gruppierungen diskriminiert und der an Stimmen führenden Partei einen Wahlbonus auf Mandatsebene sichert.

Zur Messung der Disproportionalität von Wahlsystemen wurden in den letzten Jahrzehnten unterschiedliche Techniken entwickelt. Der Rae-Index errechnet sich aus der Summe der Stimmen-Mandate-Differenz aller Parteien, geteilt durch die Anzahl der einbezogenen Akteure.[75] Der Loosemore-Hanby-Index operiert ebenfalls mit dem jeweiligen Unterschied zwischen Stimmen- und Sitzanteil eines Akteurs, dividiert die Summe der Einzelergebnisse aber durch 2.[76] Während Loosemore und Hanby die Disproportionalität einer W a h l messen, gibt der Rae-Index Auskunft über die Disproportionalität pro P a r t e i.
Beide Meßverfahren haben Schwächen, die in der Praxis zu großen Abweichungen in den Ergebnissen führen können.[77] Raes Index ist übersensitiv gegenüber sehr kleinen Parteien, und da diese typischerweise in Ländern mit Verhältniswahlrecht (PR) anzutreffen sind, wird die Proportionalität von PR-Systemen tendenziell überzeichnet. Der Loosemore-Hanby-Index ist übersensitiv gegenüber der Anzahl der an der Wahl teilnehmenden Parteien; aufgrund der starken Beziehung zwischen PR und Mehrparteiensystem bringt er den verzerrenden Effekt mit sich, den Proportionalitätsgrad von PR-Verfahren untertrieben darzustellen.[78] Eine von Lijphart vorgenommene Gegenüberstellung der beiden Meßverfahren unter Heranziehung des gleichen Datensatzes zeigt, daß die Indizes zu jeweils anderen Schlußfolgerungen führen.[79] Nach Rae existiert eine scharfe und klare Trennung bezüglich der Proportionalität von PR- und FPP-Systemen. Der Loosemore-Hanby-Index läßt eine vieldeutigere Schlußfolgerung zu: Hier rangiert das Land mit dem proportionalsten FPP-System vor sechs PR- Staaten.

Auf die Frage, wie Disproportionalität gemessen werden soll - ein Hauptpunkt der Wahlsystemforschung -, gibt es nach wie vor keine befriedigende Antwort. Gallagher favorisiert den in den Natur- und Sozialwissenschaften weit verbreiteten *Least squares*-Index: Diese Methode setzt die Stimmen-Sitz-Differenz jeder Partei ins Quadrat, addiert die einzelnen Werte und teilt die Summe durch 2; anschließend wird daraus die Wurzel gezogen.[80] Dieser Index hat den Vorteil,

---

75 Berücksichtigt werden alle Parteien, die wenigstens 0,5% der Stimmen gewonnen haben. Vgl. Rae (1967), S. 84.

76 Vgl. Loosemore/ Hanby (1971).

77 Zur Diskussion der beiden Indizes vgl. Lijphart (1985), S. 9 f.

78 Angenommen in einer Wahl erhalten alle Parteien einen Sitzanteil, der nur einen Prozentpunkt von ihrem Stimmenanteil abweicht, so beträgt der Loosemore-Hanby-Index bei zwei Parteien 1,0. Bei zehn Parteien erreicht der Index - trotz der großen Proportionalität des Wahlergebnisses - den verzerrend hohen Wert von 5,0.

79 Vgl. Lijphart (1985), Table 1, S. 11.

80 Vgl. Gallagher (1991), S. 40 f.

die Disproportionalität einer W a h l zu messen, und vermeidet gleichzeitig die Anfälligkeit der Loosemore- Hanby-Methode gegenüber paradoxen Ergebnissen: Einige wenige große Diskrepanzen werden weit stärker registriert als eine Vielzahl von kleinen.[81]

Tabelle 3 läßt - trotz bedeutsamer Abweichungen zwischen den Resultaten der einzelnen Indizes - eine eindeutige Schlußfolgerung zu: Neuseeland rangiert als eines der Schlußlichter in der Proportionalität von Wahlergebnissen. Nach dem Rae-Verfahren hat das Land die schlechtesten Proportionalitätswerte, nach Loosemore und Hanby sowie *Least squares* die drittschlechtesten. Von den Staaten mit einfachem Mehrheitswahlrecht wird es nur noch von Großbritannien unterboten.

Trotz seiner unverhältnismäßig hohen Verzerrungseffekte blieb das neuseeländische Wahlsystem auf breiter Ebene lange Zeit unhinterfragt. Nur die kleineren Akteure favorisierten durchgängig eine Abkehr von der reinen Mehrheitsregel. Mit ihrer erstmaligen Kandidatur im Jahr 1954 plädierte *Social Credit* dafür, die Wahlen nach dem Modus des *Single Transferable Vote*[82] zu organisieren, und sprach sich für ein Referendensystem nach Schweizer Vorbild aus.[83] Ungeachtet des utopischen Zugs der Vorschläge hielt die Partei bis in die 1980er Jahre daran fest. Die *Values* sahen in dem Aufbau einer partizipatorischen Demokratie eine Möglichkeit, die Auswirkungen des Majoritätssystems institutionell abzufedern. Eine stärkere Dezentralisierung der Entscheidungsfindung durch das Instrument des Referendums würde - so die Argumentation - zu mehr Fairneß und Regierungsverantwortlichkeit führen. 1984 schloß sich eine weitere Drittpartei, die *New Zealand Party*, dem breiten Spektrum an Vorschlägen an. So befürwortete sie eine kodifizierte Verfassung und engagierte sich für die Abhaltung eines Plebiszits zu Fragen der Außenpolitik[84] und der Dauer der Legislaturperiode.

---

81 Vgl. Anm. 78.

82 Vgl. Kap. 4.3: „Die Reformoptionen".

83 So sollte die neuseeländische Regierung dazu verpflichtet sein, bei einer Petition von mindestens 100.000 Wahlberechtigten ein Referendum abzuhalten. Der Ausgang der Abstimmung sollte die Regierung binden und automatisch Gesetzeskraft haben.
Vgl. Levine/ Roberts (1992), S. 95.

84 Ziel der *New Zealand Party* in der Außenpolitik war ein Autonomiestatus Neuseelands. Der Südpazifik sollte nicht nur zur atomwaffenfreien, sondern zu einer völlig entmilitarisierten Zone erklärt werden. Dies hätte die Loslösung Neuseelands von allen militärpolitischen Bindungen bedeutet. Vgl. Levine/ Roberts (1992), S. 96 f.

Tab. 3: Disproportionalität in 23 Ländern, 1979-89

	Least squares	Loosemore- Hanby	Rae
(West) Deutschland (3)	1,00	1,40	0,50
Niederlande (4)	1,40	2,70	0,40
Österreich (3)	1,50	2,30	0,80
Dänemark (5)	1,80	3,40	0,60
Schweden (4)	1,90	2,90	0,80
Italien (3)	2,70	4,80	0,70
Island (3)	2,80	4,20	1,30
Irland (5)	3,30	4,70	1,40
Israel (3)	3,30	5,70	0,60
Finnland (3)	3,30	6,50	1,30
Schweiz (3)	3,50	6,80	0,80
Norwegen B (1)	3,80	4,80	1,10
Belgien (3)	3,90	8,20	1,10
Griechenland B (2)	4,20	5,80	2,00
Portugal (5)	4,30	6,60	1,60
Luxemburg (3)	4,40	7,70	1,90
Norwegen A (2)	4,80	8,60	2,00
Japan (4)	5,70	8,30	2,30
Frankreich B (1)	7,40	12,20	3,20
Griechenland A (2)	7,70	10,30	3,50
Australien (4)	9,40	13,20	5,90
Spanien (4)	9,70	15,40	2,20
Kanada (4)	13,00	16,00	5,80
Neuseeland (3)	14,00	17,10	9,20
Frankreich A (2)	14,30	19,60	5,90
Großbritannien (3)	16,60	20,00	7,00
Durchschnittswert	5,60	8,10	2,40

(1) Zahlen in Klammern bezeichnen die Anzahl der Wahlen in der angegebenen Periode.
(2) Frankreich A: Wahlen von 1981 und 1988 nach dem absoluten Mehrheitswahlrecht Frankreich B: Wahlen von 1986 nach dem Verhältniswahlsystem (d'Hondt)
(3) Griechenland A: Bei den Wahlen von 1981 und 1985 wurden nach Anwendung des sog. Wahlzahlverfahrens die Rest mandate nur an Parteien vergeben, die im Landesdurchschnitt eine bestimmte Stimmenzahl erreichen konnten (*15% bzw.25%*). Griechenland B: Bei den Wahlen im Juni und November 1989 wurden diese Sperrklauseln niedriger angesetzt.
(4) Norwegen A: Wahlen von 1981 und 1985 nach d'Hondt Norwegen B: Bei der Wahl von 1989 wurde die sog. ausgeglichene Methode als Verrechnungsverfahren angewandt, um den Disproportionseffekt zu verringern. Die Zahl von 157 Sitzen wurde beibehalten.

Quelle: Gallagher (1991), S. 46.

Anm.: Hier sind nur drei der von Gallagher vorgestellten sechs Indizes aufgeführt; es fehlen Saint-Laguë, d'Hondt, d'Hondt (5%).
Ergänzungen (kursiv) d. d. Verf.

In der Frage des Wahlverfahrens wurde der direktdemokratische Gedanke jedoch aufgegeben; das Parteiprogramm hielt lapidar die Forderung nach einer Abschaffung der vier Maori-Sitze fest.[85]

Erst die Schlüsselereignisse von 1978 und 1981 warfen die Frage nach der Legitimität des Mehrheitswahlsystems auf. 1978 erhielt die *National Party*, obwohl sie weniger Stimmen als *Labour* gewonnen hatte, die Mehrheit im Parlament. 1981 wiederholte sich das Spiel: Auch diesmal kam *National* trotz der Stimmenmehrheit von *Labour* an die Regierung. Diese paradoxen Resultate stellten das Repräsentationsprinzip der Mehrheitswahl auf den Kopf: Die an Stimmen siegreiche Partei erhielt nicht die Mehrheit der Sitze - damit wurde das Regierungsmandat ohne entsprechendes Wählervotum vergeben.
Diese Faktoren veranlaßten prominente Mitglieder der *Labour Party*, auf eine grundlegende Überprüfung des existierenden Verfahrens zu drängen. In diesem Zusammenhang ist vor allem der Verfassungsrechtler und spätere Premier Geoffrey Palmer zu nennen, der in seinem 1979 vorgelegten Buch *Unbridled Power* dafür eintrat, daß ein Drittel des Parlaments nach dem Proporzsystem gewählt werden sollte.[86] Tatsächlich wurde im Wahlprogramm von 1984 ein Passus verankert, der die Einsetzung einer Kommission zum Thema der Wahlreform vorsah. Nach der Amtsübernahme rief die *Labour Party* eine *Royal Commission on the Electoral System* ins Leben, welche eine formalisierte und unabhängige Überprüfung des Wahlverfahrens durchführen sollte. Die Reformdebatte war damit aus dem Schatten der Oppositionsparteien herausgetreten, erstmals hatte sich eine Regierungspartei der Forderung nach einer institutionellen Neuregelung angenommen.

Die Dysfunktionalitäten des Wahlverfahrens bildeten also die strukturellen Voraussetzung für die Legitimitätskrise des *Winner-takes-all*-Prinzips. Zu einer Breitenbewegung wurde der Wahlreformgedanke jedoch erst, als die Regierungsbildung nicht mehr eindeutig mit der Zuordnung der politischen Verantwortlichkeit verknüpft war. Regierungen, die entgegen ihrer Wahlversprechen eine radikale Abkehr von tradierten Politikkonzepten einleiteten, waren letztendlich der Anlaß für den Ruf nach einer neuen institutionellen Grundorientierung. Im Folgenden soll der Aufbruch des konsensuellen Paradigmas auf zwei Ebenen beschrieben werden: zunächst auf der Ebene der Parteien und dann auf der Ebene der Interaktionen zwischen Bevölkerung und politischer Elite.

---

85 Als Abspaltung von *National* 1983 gegründet, verstand sich die *New Zealand Party* weniger als dauerhaft konkurrierender Akteur, sondern eher als inhaltliche Korrektur zur Politik der großen Parteien. Deshalb maß sie der Debatte um die Wahlreform wohl keine Bedeutung bei. 1987 - nachdem einige ihrer Vorschläge von der *Labour*-Regierung aufgenommen worden waren - löste sie sich auf.

86 Vgl. Palmer (1987), S. 153-157.

3.2 Das Feld der Akteure: die Legitimitätskrise der Parteien als entscheidende Variable

3.2.1 Das Konzept der *Adversary Politics* als analytischer Leitfaden

Ein Wahlsystem hat nicht nur Auswirkungen auf die Zusammensetzung der parlamentarischen Vertretung, sondern auch auf die Strategien und Verhaltensweisen der politischen Akteure. In der Literatur wird der Majoritätsmodus häufig mit einem konfrontativen Politikstil verknüpft. Diese These ist unter dem Schlagwort der *Adversary Politics* bekannt und wurde maßgeblich ausformuliert von S. E. Finer, der sie in den 1970er Jahren als prinzipielles Argument für eine Reform des britischen Wahlsystems herangezogen hat. Im Folgenden werden aus dem Kernstück der Finerschen Argumentation die wichtigsten Punkte gebündelt dargestellt:[87]

1. In Staaten mit Mehrheitswahlrecht existieren typischerweise zwei große Parteien. Diese müssen zur Aufrechterhaltung ihrer Geschlossenheit auch extremistische Flügel zufriedenstellen. Die gefundene Kompromißlinie repräsentiert deren Einfluß in übertriebener Weise und entspricht nicht der "Mitte" des Parlaments oder der Wählerschaft.
2. Diese *off-centre policy* wird nicht von einer Mehrheit der Bevölkerung unterstützt.
3. Regierungsalternation bedeutet demgemäß den Wechsel zwischen extremen Politikkonzepten. Der politische Prozeß ist geprägt von Polarisierung und Diskontinuität.
4. Aufgrund der Parteidisziplin werden Änderungen zur Gesetzesvorlage der Regierung selten im Parlament beschlossen, sondern bleiben informellen Gesprächen vorbehalten. Diese Arkanpolitik bedeutet eine substantielle Entwertung der Legislative.
5. Das adversative System erzeug in hohem Maße Unsicherheit; welche Politik nach den Wahlen implementiert wird, bleibt völlig der Spekulation preisgegeben.

Finer demonstrierte seine These anhand der Finanz- und Industriepolitik im Großbritannien der 1950er bis 1970er Jahre.[88] Sein Ansatz wurde vielfach der Kritik unterzogen; Autoren wie Robertson, Rose oder Gamble und Walkland

---

87 Vgl. Finer (1975), S. 12 ff.

88 Vgl. ebd, S. 15 ff.

wiesen darauf hin, daß politische Konfrontation als zeit- und kontextgebundenes Phänomen zu betrachten sei.[89]

Festzuhalten bleibt jedoch, daß das Majorzsystem in Verbindung mit einem streng zentralisierten parlamentarischen Regierungstyp die institutionellen Voraussetzungen für eine Nullsummenlogik[90] bietet. Debnam unterscheidet in seiner Fortführung von Finers These zwischen einer starken und schwachen Form der *Adversary Politics.*[91] Die schwache Form bedeutet Konsens t r o t z Majoritätsmodus, Einparteienregierung und starker Parteidisziplin. Die starke Form beinhaltet dagegen ein spiegelbildliches Verhältnis von System und Politikstil: Ein polar angelegtes Institutionengefüge führt zu konfrontativen Strategien der Akteure. Im Zentrum von Debnams Analyseraster steht die Prämisse, daß die Mehrheitsregel das Potential für Konflikt u n d Konsens birgt. Das Entstehen von Konflikt ist an bestimmte Konditionen gebunden, als zentrale Kriterien gelten hier die Krise der Ökonomie und das Auftreten von politisch polarisierenden Entscheidungsträgern; Debnam umschreibt diese notwendigen Voraussetzungen mit dem Begriff "Climate of stress"[92].

Debnams Konzept dient im Folgenden als Leitfaden für eine analytische Untergliederung der politischen Geschichte Neuseelands ab 1935. Ganz klar sind Phasen des Konsenses und des Konflikts zu identifizieren, ebenso ragen einzelne Persönlichkeiten als Zentralakteure heraus.

3.2.2 Politischer Gleichklang auf der Grundlage ökonomischer Prosperität

Zwischen 1945 und 1973 befand sich Neuseeland in einer beispiellosen ökonomischen Wachstumsphase mit hohen Investitionsraten, Vollbeschäftigung, niedriger Inflation und steigenden Realeinkommen. In den 1950er Jahren hatte der Pazifikstaat nach den USA und Kanada den höchsten Lebensstandard der Welt.[93] Zurückzuführen ist dieser Boom auf historisch günstige *Terms of Trade*: Die Importpreise verhielten sich niedrig im Verhältnis zu den Preisen für den überwiegend landwirtschaftlichen Export.

Wilkes beschreibt die Periode zwischen 1935 und 1984 als die des *Fordistischen Staates*:[94] Nach dem Vorbild der Automobilproduktion galten die Prinzipien

89 Vgl. Robertson (1984); Rose (1980); Gamble/ Walkland (1984).
90 In der Definition Rikers: "The interests of the participants must be in direct and absolute conflict so that the gains of one participant exactly equal in absolute amount the losses of the other." (Riker (1962, S. 15)
91 Vgl. Debnam (1990), S. 21.
92 Ebd., S. 13.
93 Gemessen am Bruttoinlandsprodukt pro Einwohner. Vgl. Gould (1982), S. 20 f.
94 Vgl. Wilkes (1993), S. 200-204.

Uniformität, Universalität und rationale Planung. Als Hochphase des *Fordismus* identifiziert er die Jahre zwischen 1949 und 1967, als dessen Säulen drei soziale Kompromissen zu nennen sind: Vollbeschäftigung als Ziel staatlicher Politik, die Kultivierung des häuslichen Lebens, in dessen Zentrum die geschlechterspezifische Trennung der Lebenssphären steht, und ein ethnischer Paternalismus, der zwar die materielle Gleichstellung der autochthonen Bevölkerungsgruppe zum Ziel hat, deren kulturellen Eigenwert aber negiert. Der allgemeine Konsens über die Grundannahmen der Gesellschaft basierte auf einer positiven Wirtschaftslage und wird in der Literatur deswegen auch als "prosperity consensus"[95] bezeichnet.

Nach Debnam neutralisiert ökonomische Prosperität die institutionellen Prämissen des Westminster-Systems. Ein Blick auf den politischen Prozeß in Neuseeland verifiziert diese These; denn bis in die frühen 1970er Jahre war das Zweiparteiensystem von Gleichklang und Stabilität gekennzeichnet. Dramatischer Wandel konnte als politische Alternative nicht erfolgreich angeboten werden. Die beiden großen Parteien *Labour* und *National* vertraten inhaltlich Mitte-Positionen und verhielten sich in ihrer politischen Akzentsetzung konservativ. *National* definierte seine Rolle im Rahmen der Erfüllung bestimmter Funktionen; so ererbte die Partei bei ihrem Regierungsantritt 1949 den Status quo des Wohlfahrtsstaates und behielt ihn - unter gelegentlichen Modifikationen und Anpassungsreformen - bei. *National* entsprach also der Aufgabe, ein allgemein akzeptiertes Set von sozialstaatlichen Leistungen aufrechtzuerhalten.[96] Auch die *Labour-Re*gierung von 1957-60 kam und ging, ohne größere politische Zäsuren zu hinterlassen. Der von ihr forcierte Weg der industriellen Entwicklung, verbunden mit dem Instrument der Protektion und Importbeschränkung, manifestierte sich vor allem am Prestigeobjekt der Baumwollspinnerei von Nelson; der Preisverfall für Milchprodukte sollte unter anderem durch den Aufbau einer heimischen Textilindustrie aufgefangen werden. Darüber hinaus sah man die Möglichkeit, parallel dazu andere Industrieprojekte wie den Ausbau der Bahnverbindungen zu fördern. Nach der erneuten Amtsübernahme 1960 führte *National* die Pläne und Verhandlungen um die Textilfabrik fort; erst der Widerstand von Farmern und von seiten der importabhängigen Wirtschaftszweige veranlaßte das *National*-Kabinett, von der vorgegebenen Praxis abzurücken.[97] *Labours* Antwort auf den Machtverlust bestand wiederum nicht in einer Polarisierung der politischen Inhalte, sondern in einer Ausweitung

95 James (1992), S. 9.

96 Selbst das Reizthema des Wahlkampfes von 1949, die verpflichtetende Mitgliedschaft von Arbeitnehmern in der Gewerkschaft, wurde von *National* nach dem Wahlsieg moderat behandelt. Der Zwangsbeitritt wurde nun von der Zustimmung von zumindest 15% der Gewerkschaftsmitglieder abhängig gemacht. Vgl. James/ McRobie (1993), S. 82.

97 Zu den politischen Auseinandersetzungen um die Baumwollspinnerei von Nelson vgl. Mitchell (1969), S. 67-102.

schen Inhalte, sondern in einer Ausweitung und Öffnung des programmatischen Konzepts.[98]

Trotz eines bipolaren Parteiensystems und eines zentralistischen Regierungstyps repräsentierte Neuseeland bis zu Anfang der 1970er Jahre die schwache Form der *Adversary Politics*. Der von Kontinuität und Pragmatismus geprägte politische Prozeß war insbesondere in den Wohlstandsjahren der Nachkriegszeit von einer "secular christianity"[99] - einer Integrationsideologie mit quasi-religiöser Bindungswirkung - überwölbt. Ende der 1960er Jahre zeichnete sich jedoch ab, daß die drei zentralen Vereinbarungen des *Ford*-Regimes keine breite Zustimmung mehr fanden. Diese neue gesellschaftliche Pluralität äußerte sich - wie oben erläutertert - in einer Auffächerung der Wählerentscheidungen: Das Duopol der großen Parteien bröckelte, Drittparteien verbuchten insbesondere zwischen 1978 und 1984 hohe Stimmengewinne. Eine weltweite ökonomische Krise zwang die politischen Akteure zudem zu einer neuen Strategiebestimmung. All diese Faktoren schufen eine Streßsituation, in der eine Wende hin zur starken Form der *Adversary Politics* stattfand.

3.2.3 Der Kollaps des Konsenses

Stellenwert der ökonomischen Krise

Das Jahr 1974 gilt als Zäsur in der neuseeländischen Wirtschaftsentwicklung. Die Periode danach war überwiegend gekennzeichnet von hoher Inflation, sinkenden Investitionsraten, Verschuldung, Arbeitslosigkeit und Streiks. Tabelle 4 illustriert den Kontrast in der ökonomischen Leistungsfähigkeit vor und nach 1974:

Tab. 4: Neuseelands Wirtschaftsleistung nach dem Zweiten Weltkrieg

Zeitraum	Reales BIP	Inflation	Arbeitslosenquote
vor 1974	4,0%	5,46%	0,17%
1975-85	1,79%	13,16%	2,51%
1986-93	0,48%	7,3%	9,9%

Quelle: Roper (1993), S. 2.

Anm.:
(1) Reales BIP: Inflation und Schwankungen in der Bevölkerungsgröße werden als verzerrende Faktoren ausgeschlos sen. D.h., die Zahlen sind bereinigt und erlauben den Vergleich über einen langen Zeitraum (Daten ab 1954/55).
(2) Die Messung der Inflationsrate orientiert sich am CPI (*Consumer Price Index*) (Daten ab 1950).
(3) Die Arbeitslosenquote gibt Auskunft über den Anteil der registrierten Erwerbslosen an der Summe der vollzeit Beschäftigten (Daten ab 1960).

98 Vgl. ebd., S. 113.
99 James (1992), S. 31.

Den Hintergrund der ökonomischen Krise - von Gould als "the end of the golden weather"[100] betitelt - bildeten zwei externe Schocks: Der Zugang zum britischen Markt wurde durch den Beitritt Großbritanniens zur Europäischen Gemeinschaft 1973 beschränkt.[101] Damit reduzierten sich die Handelsströme zwischen der ehemaligen Kolonialmacht und Neuseeland gewaltig. Darüber hinaus führten die Ölkrise von 1973-74 und der Kollaps des Preisbooms für landwirtschaftliche Güter zu einer dramatischen Verschlechterung der *Terms of Trade*.[102] Zum globalen Trend kam jedoch die spezifische Monostruktur der Ausfuhren dazu, denn Neuseelands Exporte bestanden in den 1970er Jahren noch zu über 60% aus Agrarprodukten.[103]

Die ökonomische Krise mündete in Neuseeland nicht unmittelbar in einen Konflikt der politischen Akteure. Beide großen Parteien suchten zunächst eine Abkehr von der Strategie der Staatsintervention und der Wohlfahrtsleistungen zu vermeiden. Dennoch begann 1972 ein destabilisierender Zyklus von politischen Kehrtwenden, der sich bis 1984 besonders deutlich auf dem Feld der Außen- und Innenpolitik zeigte. In Ergänzung und Abweichung von Debnams Ansatz der *Adversary Politics* wird deswegen der Kollaps des sozialen Konsenses als eigenständige und unabhängige Variable gewichtet. Die Abwendung von tradierten Politikinhalten ist nicht nur als Ausfluß einer ökonomischen Krise zu werten, sondern entspringt auch veränderten gesellschaftlichen Bedürfnissen. Die Frage, mit welchen Konzepten dem wirtschaftlichen Tief begegnet werden soll, wurde erst 1984 zum Anlaß der Polarisierung.

In Anknüpfung an Debnam kann die Situation ab 1972 als Transitionsphase klassifiziert werden, in der sich der Wettbewerb zwischen den Parteien intensivierte und die Bereitschaft erhöhte, etablierte Normen des politischen Prozedere zu verletzen.[104] Wie an der Wahlbeteiligung und an den Erfolgen der Drittparteien ablesbar, zeigten sich die Bürger zunehmend unzufrieden mit einer Politik des Mainstream; wie oben skizziert, war das Wählerverhalten in abnehmendem Maße mit der Schichtzugehörigkeit verknüpft und somit immer weniger berechenbar. Die These Debnams, dies hätte zur einer Nervosität der großen Parteien geführt und daraus folgend zu einen Kampf um die institutionelle Hegemonie, erscheint plausibel und soll beispielhaft am Bereich des Rundfunkwesens nachgewiesen werden.

---

100 Gould (1982), S. 113.

101 Vgl. Hawke (1985), S. 209.

102 Zur Auf- und Abwärtsbewegung der Agrarmarktpreise und den Folgen für Neuseeland vgl. Gould (1982), S. 127-132.

103 Vgl. Hawke (1985), Fig. 11.6, S. 215.

104 Vgl. Debnam (1990), S. 14.

Diskontinuität und Kampf der Parteien um die institutionelle Hegemonie

Das Vorspiel zum Auftakt der *Adversary Politics* bildeten die Reformen *Labours* in der Amtsperiode zwischen 1972 und 1975. Diese reflektierten zum einen emanzipatorische Forderungen aus der Bevölkerung, dienten aber auch der Stärkung der eigenen Machtbasis. In drei Bereichen sollen die Reformmaßnahmen und ihre Bedeutung kurz vorgestellt werden.

Was das Feld der Außenpolitik betrifft, so ordnete die Regierung den Rückzug der Truppen aus Vietnam an, atomwaffenbestückte Militärschiffe wurden aus neuseeländischem Gewässer verbannt, und man begann, die politischen Beziehungen zu den anderen Staaten des Südpazifik zu intensivieren. Eine teils radikale Loslösung aus dem strategischen Umfeld der USA zeichnete sich hier ab.[105]
In der Innenpolitik schlug man einen neuen Weg gegenüber den Maori ein - weg von der Doktrin der Assimilation hin zu einer Anerkennung des *Treaty of Waitangi* und zu einer rechtlichen Gleichstellung gegenüber den Weißen.[106] Ein Waitangi-Tribunal wurde eingerichtet, das sich mit den juristischen Ansprüchen der Maori beschäftigen und ihnen ein Forum bieten sollte. Ferner legte *Labour* im *Electoral Amendment Act* von 1975 fest, daß Kinder aus gemischten Ehen mit einem Maori-Elternteil als Maori gezählt werden sollten. Ziel dieser Maßnahme war es, den Bevölkerungsanteil der Maori, der als künftige Basis zur Berechnung der Maori-Sitze gedacht war, zu erhöhen - und damit auch die Zahl der Sitze für die *Labour Party*, denn die Maori- Wahldistrikte gehörten zu ihren traditionellen Hochburgen.

Im Bereich der Medienpolitik versuchte die *Labour*-Regierung den jahrzehntelang gewachsenen Einfluß der *National Party* zurückzudrängen.[107] Das *Broadcasting Act* von 1973 schaffte die *New Zealand Broadcasting Corporation* und die *Broadcasting Authority* ab und ersetzte sie durch drei unabhängige Rundfunkgesellschaften mit nun auch finanzieller Autonomie. Damit sollte die Macht der öffentlichen Beamten, die zum überwiegenden Teil *National*-Symphatisanten waren, eingedämmt werden.

---

105 Zur Gestaltung einer unabhängigen Außenpolitik während der dritten *Labour*-Regierung vgl. Henderson u.a. (1980).

106 Der 1840 von Vertretern der britischen Krone und autochthonen Stammesführern unterzeichnete *Treaty of Waitangi* stellt nach gegenwärtig gültiger Rechtsdoktrin einen Abtretungsvertrag dar: Die Maori übertrugen die absolute Souveränität über Neuseeland auf das englische Königshaus. Im Gegenzug sicherte ihnen die Krone Land- und Fischereirechte zu; eine Veräußerung dieses Besitzes kann nur mit deren Zustimmung und nur nach einem festgelegten Prozedere erfolgen. Zudem erhielten die Maori mit der Unterzeichnung die Rechte und Privilegien von britischen Untertanen (Vgl. *Treaty of Waitangi*, Article The Second/The Third).

107 Vgl. hierzu Debnam (1990), S. 7.

Nach der Amtsübernahme *Nationals* 1975 wurde in den meisten Politikfeldern der Status quo ante wiederhergestellt:[108]
So unterstütze Neuseeland Großbritannien im Falklandkrieg und ließ Manöver mit atomwaffenbestückten Kriegsschiffen in seinen Gewässern wieder zu. In der Innenpolitik galt erneut die Grundannahme von einer homogenen Gesellschaft, die Arbeit des Waitangi-Tribunals wurde jedoch nicht blockiert. Erwartungsgemäß hob die neue Regierung das die *Labour Party* begünstigende *Electoral Amendment Act* von 1975 auf. Auch im Bereich des Rundfunks kam es zu einer Neuetablierung des alten Systems - die von *Labour* getrennten Anstalten wurden unter einem Dach zusammengefaßt. Zwar behielten die beiden Fernsehkanäle und das Radio nominell ihren separaten Status bei, aber sie verloren die finanzielle Eigenständigkeit. Eine Wiederbelebung des Amtes des *Minster of Broadcasting* mit direkter Weisungsbefungnis garantierte die staatliche und damit auch parteipolitische Kontrolle des Rundfunkwesens.

Ziel der *National*-Regierung zwischen 1975 und 1984 war die Aufrechterhaltung des brüchig gewordenen *prosperity consensus*. Ungeachtet der wirtschaftlichen Krise verfocht Premierminister Robert Muldoon die Doktrin der Staatsintervention und des Protektionismus - das neue theoretische Paradigma der Ökonomie, der Monetarismus, wurde nicht aufgenommen. Als im Juni 1982 der damalige Arbeitsminister Quigley eine Rede hielt, die sich kritisch mit der Wirtschaftspolitik des *Think Big*[109] auseinandersetzte, forderte Muldoon ihn umgehend zum Rücktritt auf.[110]

Muldoons autoritärer Führungsstil mischte sich mit Populismus und politischer Ausgrenzung. So reklamierte er für sich und seine Partei, den "typischen" Neuseeländer zu vertreten;[111] oppositionelle Haltungen engte er auf einige angeblich linksradikale Studenten ein.[112] Seine Politik war antipluralistisch orientiert und versuchte in ihrer Negation von Differenzen die Konformität der 1950er und 60er Jahre neu zu etablieren.

---

108 Zur Innen- und Außenpolitik ab 1975 vgl. James (1992), S. 93 f.; zur Restrukturierung des Rundfunks vgl. Debnam (1990), S. 7.

109 Der Ausdruck *Think Big* wurde für die staatliche Subventionierung der Schwerindustrie durch die Verwendung überschüssiger billiger Energie geprägt; *Think Big* trug erheblich zum Haushaltsdefizit der Regierung Muldoon bei. Vgl. James/ McRobie (1993), S. 8 f.

110 Die Aufforderung zum Rücktritt erfolgte nicht, als sich der damalige Maori-Minister für die Teilnahme Neuseelands an den Rugby-Meisterschaften in Südafrika aussprach. In der Öffentlichkeit war die Teilnahme wegen des Apartheidregimes äußerst umstritten. Die unterschiedlichen Reaktionen Muldoons zeigen, daß die Interpretation der Konvention der kollektiven Verantwortlichkeit des Kabinetts primär vom Gutdünken des Premiers abhängt. Zur Doktrin der Kabinettsverantwortlichkeit und den erwähnten Vorfällen vgl. Palmer/ Palmer (1997), S. 68 ff.

111 "[...] if you are looking for a group of typical New Zealanders, it is in the ranks of the National Party that you are most likely to find them." (Muldoon (1981), S. 20.)

112 Vgl. ebd.

Die Machtposition des Premiers - innerparteilich wie in der Öffentlichkeit wirksam ausgespielt - wurde durch die Führungsstruktur der *National Party* befördert. Im Gegensatz zum kollektivistischen Ethos von *Labour* kontrolliert hier der Vorsitzende die Politikgestaltung.[113] Das höchste agendasetzende Gremium der Partei, das *Policy Committee*, setzt sich aus drei außerparlamentarischen Parteimitgliedern, drei Abgeordneten und dem Vorsitzenden zusammen, dem bei Stimmengleichheit das entscheidende Votum zufällt und der zudem den Zeitpunkt der Zusammenkünfte bestimmt. Ein zweiter struktureller Faktor, der Muldoons dominante Position zementierte, lag darin, das er nicht nur das Amt des Premiers, sondern auch das des Finanzministers bekleidete. Das *Treasury* kontrolliert den Staatshaushalt und überwacht die Finanzoperationen der anderen Departments und Behörden. Es setzt den philosophischen und theoretischen Rahmen, innerhalb dessen die meisten politischen Optionen formuliert und entschieden werden. Und es hat keine signifikanten Rivalen in der Bürokratie, die das *Treasury* auf dem Gebiet der makroökonomischen Beratung herausfordern könnten. Die Rolle des Finanzministers bietet also eine Schlüsselposition im Entscheidungsgefüge des politischen Systems Neuseelands.[114]

Der radikale Marktliberalismus der Vierten *Labour*-Regierung

Der Regierungsantritt von *Labour* im Jahr 1984 markiert den Beginn einer neuen Ära in der Geschichte Neuseelands. *Labour* initiierte ein Programm des radikalen Marktliberalismus und brach so mit der langen Tradition des *Fordist State*.[115] Das Ziel der Vollbeschäftigung verschwand von der politischen Prioritätenliste, der Mythos von Neuseeland als egalitärer und klassenloser Gesellschaft brach mit zunehmender Arbeitslosigkeit zusammen.[116] Die neue Wirtschaftspolitik stellte Effizienz über Gleichheit, Wachstum über Stabilität, Wettbewerb über Sicherheit, Monetarismus über Keynes und privates über staatliches Eigentum. Liberalisierung, Deregulierung und der Abbau von Subventionen sollten eine lange Phase der Abschottung von den internationalen Märkten beenden. Die Öffnung des neuseeländischen Finanzmarktes führte zu einem beispiellosen Boom an Wellingtons Börse.[117] Eine Steuerreform, die Bekämpfung des Haus-

---

113 Zu den Organen und zum Prozeß der Politikformulierung der *National Party* vgl. Wood (1992), S. 302.

114 Zur Machtposition des *Treasurer* in Neuseeland vgl. Boston (1992).

115 Vgl. Kap. 3.2.2 „Politischer Gleichklang auf der Grundlage ökonomischer Prosperität".

116 Vgl. Tab. 4.

117 Der plötzliche Wechsel von einer hermetischen Abriegelung des Finanzmarktes zu seiner völligen Freigabe trieb die Aktienkurse in absurde Höhen; vor diesem Hintergrund prägte man die Redewendung *One could float a brick on the sharemarket and there would be buyers*. Vgl. James/McRobie (1993), S. 12.

haltsdefizits und die Reduzierung der Schulden sollten Ressourcen zur Ankurbelung des Wachstums freisetzen.[118]
Die Wirtschaftspolitik der vierten *Labour*-Regierung setzte sich radikal von der bisherigen Doktrin des Staatsinterventionismus und des universalen Vorsorgesystems ab. Im Vergleich dazu erschien der erneute Kurswechsel in Fragen der Außen- und Innenpolitik weit weniger epochal; zudem fügten sich diese Reformmaßnahmen in die traditionelle Linie der *Labour Party* ein. So wurde die schon Anfang der 1970er Jahre gezeigte negative Haltung zu nuklearwaffenbestückten Manövern in neuseeländischem Hoheitsgewässer nun entschieden weiterverfolgt und führte zum faktischen Ende des ANZUS-Paktes.[119]

Ferner wurde die Rechtssituation der Maori verbessert, denn die *Labour*-Regierung weitete die Zuständigkeit des Waitangi-Tribunals auf die Zeit bis 1840 aus. Somit konnten auch Landkonfiskationen der Weißen aus dem 19. Jahrhundert juristisch überprüft werden. Insgesamt setze die 4. *Labour*-Regierung auf ein völlig neues Muster der Maori-Repräsentation.[120] Formuliertes Ziel war es, die Maori mehr in den politischen Entscheidungsprozeß einzubinden und ein dezentrales System der Politikimplementierung auf Stammesebene (= *Iwi*) zu schaffen. Unter dem Schlagwort *Maori Devolution* sollten aus dem Stammesrat einer jeden Region Mitglieder für ein *Maori Advisory Committee* gewählt werden. Vorgesehen war eine Kooperation dieser Gremien mit den lokalen Behörden. Im Rahmen des Versuchs, die administrativen Regelungen der Maori-Politik dezentral zu organisieren, wurde dem neugeschaffenen *Ministry of Maori Affairs* eine eher koordinierende und zielformulierende Funktion zugewiesen. Analog zur wirtschaftspolitischen Trendwende ist auch hier deutlich das Bemühen ablesbar, das Paradigma der zentralen Steuerung durch das der Selbstverantwortlichkeit zu ersetzen.
Im Rundfunkbereich führte die *Labour*-Regierung ihre Politik von 1973 zu Ende und etablierte zwei neue Unternehmen, sog. *State-Owned Enterprises* (SOE): *Radio New Zealand Limited* und *Television New Zealand Limited.* Grundlage bildete das *State- Owned Enterprises Act* von 1986. Wie die Post, die Telecom oder die Bahn wurde der Rundfunkbetrieb als kommerzielles Unternehmen nach privatwirtschaftlichen Gesichtspunkten organisiert. Die SOEs wurden, was ihre Arbeitsweise und ihr finanzielles Management betraf, mit beträchtlicher Autonomie gegenüber der Regierung ausgestattet.[121]

---

118 1984 belief sich allein der Schuldendienst auf 15% der Regierungsausgaben. Vgl. ebd., S. 12.

119 Die USA verkündeten als Reaktion auf Wellingtons antinukleare Politik das Ende ihrer Sicherheitsgarantien für Neuseeland. Vgl. Pugh (1989).

120 Zum Folgenden vgl. McLeay (1991).

121 Vgl. Williams (1992).

Ab 1972 zog die Regierungsalternation in Neuseeland den Wechsel zwischen extremen Politikkonzepten nach sich. In den Feldern Außen- und Innenpolitik verfolgten die beiden großen Parteien diametral unterschiedliche Ansätze, die Medienpolitik war Teil einer Auseinandersetzung um die institutionelle Hegemonie im Staat, und im Bereich der Wirtschaft kam es zu einem abrupten Ende der traditionellen Interventions- und Subsidienpolitik. Der Problemdruck einer ökonomischen Krise und neue, emanzi-patorische Forderungen aus der Gesellschaft bewirkten das Ende der politischen Kontinuität. Das Majoritätssystem zeigte nun sein Potential zum Konflikt.

Spaltung innerhalb der *Labour Party*

Die Politik des radikalen Marktliberalismus widersprach den theoretischen Wurzeln *Labours* als Partei des evolutionären Sozialismus[122] als auch ihrer bisherigen Regierungspraxis. Die plötzliche Abkehr von traditionellen Politikinhalten bewirkte eine ideologische Spaltung; drei unterschiedlich stark organisierte Gruppen sind hier zu nennen: die 1986 gebildete *broad-left*-Fraktion, der *backbone club* - marktradikal orientiert und von Unternehmerseite gestützt - und ein eher lose zusammenhängender Rumpf in der Mitte.

Am entschiedensten wurde der Umbau der neuseeländischen Volkswirtschaft von Finanzminister Roger Douglas vertreten.[123] Ihm und seinen Mitstreitern diente als theoretischer Unterbau die *Public Choice*-Theorie, die von einem rationalen, am Eigeninteresse orientierten individuellen Verhalten der Akteure ausgeht. In der politischen Praxis äußerte sich diese Theorie in der Weigerung, die Führer von Interessengruppen am politischen Prozeß zu beteiligen. Nur so könnte die Durchsetzung der kollektiven Rationalität - also des Gemeinwohls - vom Staat garantiert werden.[124] Ein von Finanzminister Douglas ausformulierter Leitfaden zum politischen Handeln definiert die Integration von Interessengruppen in die Mechanismen der Entscheidungsfindung als Haupthindernis für eine strukturelle Reform des Staates und der Ökonomie. Douglas' Anleitung zum "Blitz-

---

122 Vgl. Gustafson (1992), S. 268 f.

123 Deshalb wurde die marktliberale Reformpolitik auch nach ihm *Rogernomics* genannt. Roger Douglas saß bereits im Kabinett der 3. *Labour*-Regierung von 1972-1975. So amtierte er ab 1972 als *Postmaster General* und *Minister of Broadcasting*, ab 1974 war er für die Portfolios *Housing* und *Customs* zuständig. Während der Regierungszeit Muldoons opponierte er als wirtschaftspolitischer Sprecher seiner Partei vehement gegen die ad-hoc- Kommandowirtschaft *Nationals*. Vgl. Debnam (1990), S. 17.

124 Die *goods and service tax* (Umsatzsteuer) wurde beispielsweise gegen den Widerstand von Einzelhändlern und Gewerkschaften durchgesetzt; als Kontrastbeispiel kann hier Australien genannt werden, wo der Versuch, eine ähnliche Steuer über konsensuelle Enscheidungsfindungsmechanismen einzuführe, scheiterte. Vgl. Mulgan (1992), S. 527.

krieg"[125] sei im Folgenden auszugsweise zitiert, da sie zentrale Punkte des Politikverständnisses der marktliberalen *Labour*-Fraktion reflekiert:

> "If a solution makes sense in the medium term, go for it without qualification or hesitation. Nothing else delivers a result which will truly satisfy the public. Define your objectives clearly and move towards them in quantum leaps. Vested interests continuously underestimate their own ability to adjust successfully in an environment where the government is rapidly removing privilege across a wide front.
>
> It is uncertainty, not speed, that endangers the success of structural reform programmes. [...]
>
> [...] The fire of opponents is much less accurate if they have to shoot at a rapidly moving target.
>
> The abolition of privilege is the essence of structural reform."[126]

Die Negation des legitimen Partikularinteresses setzt die Zeit der *Rogernomics* in klaren Gegensatz zum Korporatismus Muldoons; hier waren die Verbände formal in den politischen Entscheidungsprozeß inkorporiert. Doch natürlich wurde auch unter der *Labour*-Administration der Druck seitens der Interessengruppen nicht abgeschafft, sondern lediglich verlagert. Das Lobbying setzte nun erst dann ein, wenn eine Gesetzesvorlage bereits in den Ausschüssen diskutiert wurde; eine Art von "last minute-Korrektur" bildete sich heraus. Zudem gestaltete sich die Einflußnahme - mangels offizieller Kanäle - informeller. Dem von der *Labour Party* propagierten Gemeinwohl nutzten diese neuen Formen des Verbandseinflusses wenig, denn die Interessen des Kapitals gewannen überproportional großen Einfluß. Seit 1984 ist die politikorientierte Wirtschaftsvereinigung *Business Roundtable* als einflußreicher Advokat einer monetaristischen Politik der Inflationsbekämpfung hervorgetreten. Sie unterstützte *Labours* Programm der ökonomischen Umstrukturierung und drängte die Partei, das Tempo der Reformen aufrechtzuerhalten. Der *Business Roundtable* ist als wesentliche Kraft hinter der Realisation einer *New Right*-Agenda sicherlich zutreffend porträtiert.[127] Die hier skizzierte Verzerrung der Interessensrepräsentation stand im krassen Widerspruch zum selbstbewußt-kapitalistischen Ansatz von Finanzminister Douglas, der freiwillige Arrangements als ultima ratio für Wirtschaft und Gesellschaft ansah.

Der wirtschaftsliberale Flügel konnte sich trotz prominenter Kritik aus den eigenen Reihen zunächst durchsetzen.[128] Eine der ersten Amtshandlungen der *La-*

---

125 Easton (1994).

126 Douglas, Roger O. (1993): Unfinished Business, Auckland: Random House, S. 215-38. (Zit. nach Easton (1994), S. 216.)

127 Vgl. Roper (1992), S. 17 f.

128 Auf seiten der Kritiker ist insbesondere Jim Anderton zu nennen, der während seiner Zeit als Vorsitzender der *Labour Party* 1979 bis 1984 äußerst populär war. Er erwies sich als strikter

bour- Regierung bestand darin, die Regel der *cabinet solidarity* einzuführen, wodurch sich alle Minister zur Unterstützung der Kabinettsentscheidungen verpflichteten.[129] Die explizite Normierung der ohnehine geltenden Verfassungskonvention der kollektiven Verantwortlichkeit sollte verhindern, daß Kabinettsentscheidungen ständig in der Fraktion kontrovers diskutiert werden - ein Merkmal der *Labour*-Regierung von 1972-75. Die kleine, intime Fraktion[130], die ehemals als sensibler Resonanzboden fungiert hatte, um die Wirkung der Regierungsentscheidungen in der Bevölkerung zu sondieren, wurde damit weitgehend entmachtet.

Nach dem Börsencrash von 1987 kam es zur offenen Konfrontation zwischen den einzelnen Flügeln: Die Gruppe um den Finanzminister Douglas wollte die marktliberalen Reformen auf neue Gebiete wie Gesundheit, Bildung und Wohlfahrtsleistungen ausweiten. Premierminister Lange beabsichtigte dagegen, die zweite Amtszeit dazu zu nutzen, vergangene Reformen zu konsolidieren und den Schwerpunkt nun auf die Umsetzung traditioneller Labour-Prinzipien im sozialen Sektor zu setzen. Der Konflikt endete mit dem Entlassung Douglas' aus dem Ministeramt im Dezember 1988 und mit dem Rücktritt Langes im August des darauffolgenden Jahres.[131] Der bisherige Stellvertreter Langes, Geoffrey Palmer, wurde zum neuen Premier ernannt; im Wahljahr 1990 gab dieser sein Amt wiederum an den populären Handelsminister Mike Moore ab.

Vertrauensverlust bei der Bevölkerung

Die Wähler billigten zunächst die ökonomischen und sozialen Reformen in der ersten Amtsperiode der 4. *Labour*-Regierung (1984-87). *Labour* hatte durch die marktliberalen Reformen neue Wählerschichten gewonnen und vermochte den Stimmenanteil 1987 um 5% zu steigern. Auch die *National Party* erzielte ein

---

Gegner der ökonomischen Umstrukturierung. Am 10. Dezember 1988 forderte er das Kabinett heraus, indem er sich - trotz einer entsprechenden Resolution der Parlamentsfraktion - bei der Abstimmung über den Verkauf der *Bank of New Zealand* und der *PostBank* enthielt. Auf Druck des Parteirats wurde Anderton daraufhin nicht aus der Fraktion ausgeschlossen; er verließ *Labour* dennoch und gründete am 1. Mai 1989 die *NewLabour Party*. Vgl. James/ McRobie (1993), S. 72 f.

129 Vgl. Mulgan (1995), S. 89.

130 1984 hatte das neuseeländische Parlament 95 Sitze, 1987 97. Die *Labour*- Fraktion umfaßte während der ersten Amtsperiode 56 Sitze, in der zweiten 57. Rund die Hälfte dieser Abgeordneten waren jeweils in der Regierung vertreten, was allein schon eine starke Kabinetts- und Parteidisziplin ermöglichte.

131 Douglas hatte am 17. Dezember 1988 eine radikale Steuerreform angekündigt und versuchte damit die Initiative auf dem Feld der ökonomischen Reformen beizubehalten. Lange erklärte daraufhin am 28. Januar 1989 - in Abwesenheit seines Finanzministers und ohne ihn vorher zu konsultieren -, daß die Einführung einer *flat tax* vom Tisch sei. Damit war ein offener Konflikt zwischen den beiden konkurrierenden Lagern in der *Labour Party* ausgebrochen, der eben mit dem vorläufigen Rückzug seiner beiden prominentesten Figuren aus der Politik endete. Vgl. Gustafson (1992), S. 266 ff.

deutlich besseres Ergebnis als 1984, zum Sieg über die amtierende Regierung fehlten ihr jedoch die Stimmen der kleinen konservativen Gruppierung der *Democrats*. Im Vorfeld der Wahl hatte das Kabinett angekündigt, in der zweiten Amtsperiode die Gelder für soziale Leistungen aufzustocken; dies hatte wohl - trotz des neoliberalen Kurses - auch traditionelle *Labour*-Anhänger veranlaßt, ihr Votum für die Regierungspartei abzugeben.

Nach Ablauf der zweiten Amtsperiode zeigte sich die Erosion des Vertrauens der Wähler in Parteien und Regierung jedoch deutlich.[132] 1990 beschrieb nur ein Drittel der traditionellen *Labour*-Wähler - und der *Labour*-Wähler im Gesamten - ihre Partei als "vertrauenswürdig"; beinahe exakt der gleiche Anteil war der Meinung, daß *Labour* als "nicht vertrauenswürdig" einzustufen sei. Eine klare Mehrheit aller Wähler hielt die Regierungspartei im Wahljahr 1990 für "nicht vertrauenswürdig". Der Impuls weg von *Labour* beinhaltete jedoch nicht, daß sich das Vertrauen der Wähler zu einer anderen Partei verlagerte. Dies läßt sich nachweisen an den Einstellungen der Befragten, die bei den Wahlen von 1990 von *Labour* zu *National* gewechselt waren. Nur 16% von ihnen betrachteten *National* als "vertrauenswürdig"; ein größerer Prozentsatz, nahezu ein Viertel, beschrieb die neue Wahl als "nicht vertrauenswürdig", über 60% enthielten sich einer Wertung.[133]

Vor dem Hintergrund dieser Daten erscheint es sinnvoll, eine klare Unterscheidung zwischen anti-*Labour* und pro-*National* zu treffen. Beide Haltungen sind nicht notwendigerweise miteinander verzahnt. Die Ergebnisse weisen eher darauf hin, daß sich beide großen Parteien bei den Wählern diskreditiert hatten. Eine langfristige Analyse zeigt, daß seit Mitte der 1970er Jahre das Vertrauen in das neuseeländische Parlament kontinuierlich gesunken ist (Abb. 4). Hatten 1975 noch über 30% der Bevölkerung Vertrauen in das *House of Representatives*, so fiel die Rate insbesondere nach 1987 dramatisch ab; 1989 lag der Wert bei unter 5%. Die Konfliktstrategien der beiden großen Parteien führten weite Teile der Bevölkerung offenbar zu der Einschätzung, daß die politische Klasse ihren Wünschen keine Beachtung mehr schenkt. Der Wirtschaftsboom in der ersten Amtsperiode *Labours* konnte diesen Meinungstrend nur kurzfristig aufhalten.

---

132 Zum Folgenden vgl. Vowles/ Aimer (1993), Table 10.1 S.148.
133 Vgl. Anhang D.

Abb. 4: Trust in the New Zealand Parliament 1975-1993

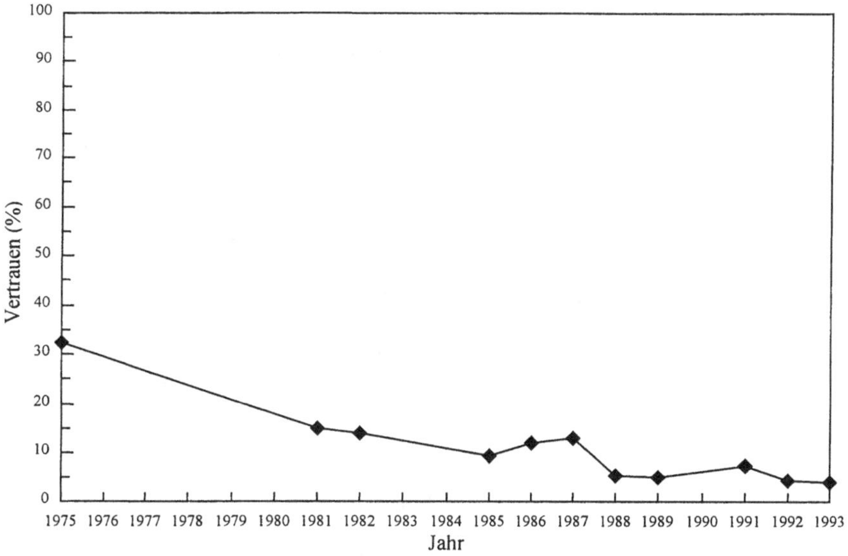

Quelle: Vowles (1995), S 102

Der radikale Umbau des neuseeländischen Staates nach den Prinzipien der marktwirtschaftlichen Effizienz durch die *Labour*-Regierung entsprach also weder den Wünschen der Öffentlichkeit noch der eigenen Partei. Der Wahlerfolg der *Labour Party* von 1987 basierte - neben dem vorübergehenden wirtschaftlichen Boom - eben gerade auf dem Versprechen, von weiteren rigiden Eingriffen in das Sozialsystem abzusehen. Damit blieben die Reformen zwischen 1984 und 1990 im wesentlichen das Werk einer Elite; es wurde nicht der Versuch unternommen, sie auf der Grundlage eines neuen sozialen Konsenses zu implementieren. *Labour* fügte dem adversativen Politikstil der Parteien eine neue Konfliktlinie hinzu, die in eine Entfremdung zwischen den maßgeblichen politischen Akteuren und weiten Teilen der Bevölkerung mündete. Das bisherige Majoritätsmodell hatte auf einem ex-ante-Vertrag zwischen Wählern und Entscheidungsträgern beruht: Die Regierung sollte die Politik so gestalten und umsetzen, wie sie es zuvor im Wahlprogramm angekündigt hatte; damit war auch eine gewisse Erwartbarkeit der Regierungspolitik vor dem Hintergrund der kontinuitätsorientierten Tradition der beiden großen Parteien verbunden. Diese zentrale Norm der politischen Kultur wurde durch die ökonomische Umstrukturierung ernsthaft beschädigt. In den Augen der Neuseeländer wurde das Schreckensgespenst des *Elective Dictatorship*[134] Realität.

Die Fortsetzung des elitären Politikstils durch *National*

Die Politik der marktwirtschaftlichen Umstrukturierung wurde nach der Ablösung der *Labour*-Administration im Jahr 1990 fortgeführt. Auch in der *National Party* fand der radikale Marktliberalismus nicht uneingeschränkt Befürworter. Ruth Richardson, die neue konservative Finanzministerin, und ihr Kabinett machten exzessiven Gebrauch von der Konvention der geheimen Entscheidungsfindung (*secrecy*) und vom Instrument der legislativen Dringlichkeit (*parliamentary urgency*).[135] Auf diese Weise konnten auch in der *National Party* intern umstrittene Reformmaßnahmen durchgesetzt werden.

Die Beibehaltung der neoliberalen Wirtschaftspolitik wurde zwar im Wahlkampf angekündigt[136], dennoch fühlten sich die Wähler von der dann erfolgten drastischen Kürzung der Sozialleistungen überrascht. Eine Analyse der Einstellungen der Bevölkerung zur Höhe der Regierungsausgaben in ausgewählten Bereichen des Wohlfahrtssystems legt die Schlußfolgerung nahe, daß die *National Party* zu einer rigorosen Sparpolitik kein Mandat erhalten hatte.[137]

Durch die Fortführung des marktliberalen Kurses wurde eines der Basismerkmale des Westminstermodells nicht berücksichtigt. Denn bei einem klassischen Zweiparteiensystem mit Mehrheitswahlrecht gibt es die klare Option, Partei A für ihre Politik abzustrafen und dafür Partei B mit einer politischen Alternative ins Amt zu wählen. Das demokratische System Neuseelands hat also in mehrfacher Weise versagt:

---

134 Der Begriff wurde von Lord Hailsham im Rahmen seiner Kritik des britischen Wahlrechts geprägt und bezieht sich auf die zwar durch Wahlen legitimierte, aber in der Amtsausübung unbeschränkte Macht der Regierung. Vgl. Hailsham (1978), S. 125 ff.

135 Nicht zuletzt die traditionelle Praxis, Legislativentwürfe bei ihrer Einbringung ins Parlament als 'dringlich' zu deklarieren, gab der neuseeländischen Gesetzgebung den Beinamen "The Fastest Law in the West" (Palmer (1987), S. 139).
Zur Taktik der *National Party* vgl. Mulgan (1995), S. 90.

136 Im Wahlkampf von 1990 zeigten sich zwischen *Labour* und *National* wenige inhaltliche Differenzen in der Wirtschaftspolitik. Beide Parteien sprachen sich für eine Inflationsbekämpfung aus, für eine Ankurbelung des Wachstums, die Reduzierung der Schulden, eine Ausweitung des Handels und die Bakämpfung der Arbeitslosigkeit. Einen Kontrastpunkt bildete allein die Industriepolitik, wo *Labour* eine neue Übereinstimmung mit den Gewerkschaften anstrebte, *National* dagegen für eine Deregulierung auch in diesem Sektor plädierte. Vgl. Levine/ Roberts (1990), S. 6.

137 Wählerbefragungen von 1990 weisen deutlich auf die Tatsache hin, daß in den Bereichen Gesundheit, Bildung, Rente und Wohlfahrt erhöhte Ausgaben oder zumindest die Beibehaltung des Status quo favorisiert wurde. Auch *National*-Wähler sprachen sich mit überwaltigender Mehrheit für eine Aufstockung der Ausgaben in den Bereichen Gesundheit und Bildung aus (75% bzw. 67%). Vgl. Vowles/ Aimer (1993), Table 8.1, S. 115 sowie Table 8.6, S. 119.

Eine Auswahlmöglichkeit zwischen mindestens zwei grundlegenden Politikinhalten war nicht mehr gegeben; das Wahlsystem verhinderte die angemessene Repräsentation von kleineren Parteien und damit eine mögliche Abschwächung der von *Labour* und *National* rigoros befürworteten Deregulierung. Die großen Parteien suchten nicht mehr nach öffentlicher Zustimmung für ihre Politik, es fand keine Rückkopplung an gesellschaftliche Interessengruppen statt. Gleichzeitig wurde nicht verhindert, daß unrepräsentative Minderheiten wie der *Business Roundtable* die politische Agenda der Regierung maßgeblich prägen konnten.

Neuseelands politische Kultur konnte lange Zeit mit den Begriffen Kontinuität, Konsens und politische Verantwortlichkeit umschrieben werden. In diesem Zusammenhang sei noch einmal auf die Phase des *prosperity consensus* in den 1950er und 60er Jahren verwiesen. Die einflußreichsten Figuren des Landes - so z. B. Robert Muldoon - agierten als Populisten, definierten sich selbst also als Zentrum des Meinungs- _spektrums und waren auf eine enge Tuchfühlung mit der Bevölkerung dringend angewiesen.[138] Der Beginn der vierten *Labour*-Regierung setzte unter diese Tradition einen klaren Schlußstrich, das Prinzip der Verantwortlichkeit - häufig zitiert als zentrales Merkmal des Mehrheitswahlrechts - wurde pervertiert. Bei der Bevölkerung führte dies zu einer tiefen Vertrauenskrise:[139] 1990 glaubten mehr als 60% der Befragten, daß die politische Klasse in Wellington kein Interesse mehr an den Problemen des durchschnittlichen Neuseeländers habe. Fast 71% vertraten die Auffassung, daß die Regierung den Kontakt zur Bevölkerung verloren hat. Die Rollenerwartung an die Abgeordneten sieht dagegen völlig konträr aus. 85% der Wähler schreiben dem MP die Funktion eines Delegierten zu, der auf die Mehrheitsmeinung der Wählerschaft hören sollte. Nur 29% geben an, daß er die Sichtweise seiner Partei oder des Kabinetts repräsentieren sollte.[140]

Die entscheidende Motivation für eine Reform des Wahlsystems ist primär also nicht in den disproportionalen Effekten von *First-Past-the-Post* zu suchen. Wie Mulgan richtig bemerkt hat: "Democratic trust was the issue, not electoral fairness."[141] Mechanismen der Konsultation und des Bargaining, die bis in die 1970er Jahre allgemein akzeptiert und in der politischen Praxis realisiert waren, sollten nun auf dem Weg einer Wahlreform neu erzwungen werden.

---

138 Zur Tradition des Populismus in Neuseeland vgl. Mulgan (1984), S. 44 ff.

139 Vgl. Lamare (1991), Table 1, S. 165.

140 Die Daten beziehen sich auf das Jahr 1993. Vgl. Vowles u.a. (1995), Table 7.1, S. 125.

141 Mulgan (1995), S. 83.

4 Der Prozeß der Wahlreform - Mixed Member Proportional (MMP) als Thema der politischen Agenda

4.1 Wahlreformen im Blick der Forschung

Ein Großteil der akademischen Literatur hat sich auf die Konsequenzen unterschiedlicher Wahlsysteme konzentriert. Wie oben ausgeführt, betrachten Autoren wie Lijphart, Rae oder Taagepera und Shugart das Wahlverfahren vor allem als unabhängige Variable und erklären damit unter anderem die Konstellation des Parteiensystems. Bei vielen existiert eine latent konservative Ausrichtung. So heißt es bei Taagepera und Shugart:

> "[...] most of the longstanding electoral systems do the job. Keeping the ills we know of may be better than leaping into the unknown."[142]

Daß der Fokus bisher überwiegend auf die Mechanik der Wahlsysteme gerichtet war, ist vor dem Hintergrund der Empirie verständlich. Denn in vielen demokratischen Staaten fiel die Adaption eines Wahlsystems mit dem republikanischen Neubeginn nach dem I. oder II. Weltkrieg zusammen.[143] Wo der Wahlmodus später geändert wurde, fand dies - wie z. B. in Portugal oder Spanien - im Rahmen eines umfassenden konstitutionellen Neuanfangs statt. Der revolutionäre Charakter jener Vorgänge machte es nicht erforderlich, ein Instrumentarium für die Analyse eines demokratischen Reformprozesses zu entwickeln.
Die Ereignisse der jüngsten Zeit lenken den Blick nun auf dieses Forschungsdesiderat. In den Jahren 1993 und 1994 fand in drei Ländern ein Wandel im Wahlverfahren statt: in Italien (Dezember 1993), in Japan (März 1994) und in Neuseeland (November 1993). In allen drei Staaten wurde ein extremes Verhältnis- oder Mehrheitswahlrecht zugunsten einer moderaten Lösung verabschiedet. Dabei handelt es sich um lang etablierte liberale Demokratien, wo das Wahlverfahren über Generationen hinweg angewandt wurde - dennoch entschied sich die Bevölkerung in den einzelnen Ländern für eine institutionelle Erneuerung.

Im Folgenden wird der Wahlreformprozeß in Neuseeland auf verschiedenen Ebenen betrachtet. Zunächst ist eine Einteilung in Phasen unabdingbar, da sich nur so das Spezifische des Vorgangs zeigen läßt. Es wird unterschieden zwischen der Präreferendumsphase, in der die Parteien mit Strategien der Verzögerung und Blockade dominierten, und der eigentlichen Referendumsphase, in der die politische Elite als steuernder Akteur ausgehebelt wurde und zwei unterschiedlich

142 Taagepera/ Shugart (1989), S. 236.
143 Vgl. Butler (1981), Table 2-1, S. 12-17.

strukturierte Interessengruppen als maßgebliche Protagonisten auftraten. Die in der Debatte vorgelegten Argumente lassen sich polar gegenüberstellen und werden insbesondere auf ihre Rezeption bei den Wählern hin befragt. Die vergleichende Darstellung der Referendumsergebnisse von 1992 und 1993 soll Einstellungsmuster und Motivationen der Bevölkerung offenlegen.

4.2 Die Präreferendumsphase

4.2.1 Expertenkommission vs. Parlamentsausschuß

Die unterschiedlichen Positionen zu einer Totalreform des Wahlsystems

Neuseelands Parteien spielten - temporär wechselnd - während des gesamten 20. Jahrhunderts mit der Idee einer Änderung des Wahlsystems.[144] Wie bereits angedeutet, erhielt diese Diskussion erst dann eine grundlegend neue Qualität, als sich die Regierungspartei *Labour* der Forderung nach einer konstitutionellen Reform annahm. Der Referenzrahmen der von ihr eingesetzten *Royal Commission on the Electoral System*[145] war breit angelegt und umfaßte sowohl den Auftrag zu einer Inventur des Wahlsystems als auch speziellere Fragen wie die Maori-Repräsentation, die Größe des Parlaments, die Festlegung der Wahlkreisgrenzen, die Dauer der Legislaturperiode oder die Parteienfinanzierung. Obwohl die Royal Commission ihre Kompetenzen von der Regierung ableitete, fiel der 1986 vorgelegte Bericht weit radikaler aus als erwartet. So empfahl die Kommission die Einführung des Verhältniswahlrechts nach dem Modell der Bundesrepublik Deutschland, die Abschaffung der vier Maori-Sitze, eine substantielle Erhöhung der Anzahl von MPs und einschneidende Änderungen in der Parteienfinanzierung und der Administration des neuen Wahlsystems. Die Vorschläge des Expertengremiums zielten in ihrer Rigorosität ganz klar auf einen Entscheid per Volksbefragung ab - in ihrer großen Mehrzahl betrafen sie Regelungen, die durch die oben erwähnte *Entrenchment*-Klausel[146] vor einer Änderung durch einfache Parlamentsmehrheit geschützt waren.

Zur Beurteilung von *First-Past-the-Post* entwickelte die Kommission einen Kriterienkatalog, der sich zwischen den Polen Fairneß und Effektivität bewegte:[147]

---

144 Vgl. Kap. 3.1.3 „Disproportionale Effekte".

145 Die 1985 eingerichtete Kommission bestand aus fünf Personen: dem *High Court*-Richter Justice Wallace (Vorsitzender), John Darwin (ehemals Regierungsbeamter für Statistik), Ken Keith (Professor für Vefassungsrecht), Richard Mulgan (Professor für politische Theorie) und Whetumarama Wereta (Forschungsbeauftragte des Regierung).

146 Vgl. Kap. 2.2.2 „*Single Entrenchment*".

147 Vgl. Royal Commission on the Electoral System (1986), S. 13 ff.

1. Fairneß zwischen den politischen Parteien, was die parlamentarische Repräsentation betrifft
2. Repräsentation von Minderheiten und speziellen Interessengruppen
3. Repräsentation der Maori
4. Politische Integration einer möglichst breiten Wählerschicht
5. Repräsentation der Wahlkreise
6. Partizipation der Wähler
7. Effektivität der Regierung
8. Effektivität des Parlaments
9. Stellung der politischen Parteien
10. Legitimität

Die *Royal Commission* bewertete das Wahlsystem sowohl nach dessen eigenen Repräsentationsprinzipien - wie Effektivität der Regierung und Vertretung der Wahlkreise - als auch unter demokratietheoretischen Gesichtspunkten. Leitmotivisch war der Gedanke, daß nur die faire Chance zur Partizipation und die Leistungsfähigkeit des Systems gemeinsam Legitimität schaffen können. Dieser breit angelegte und fundierte theoretische Rahmen trug zum großen Renommee der Kommission bei und wurde vor allem in der akademischen Welt Neuseelands rezipiert.

In ihrem Bericht erörterte die *Royal Commission* drei Alternativen zum reinen Mehrheitswahlsystem:[148] *Supplementary Member* (SM) als modifizierter Majoritätsmodus sowie *Mixed Member Proportional* (MMP) und *Single Transferable Vote* (STV) als Verhältniswahlsysteme.[149] Sie favorisierte klar die Einführung des bundesrepublikanischen MMP-Systems, da es zum einen die Einerwahlkreise beibehält und gleichzeitig die Disproportionalität von Mandats- und Stimmenanteil überwindet. Bis zum nächsten Urnengang von 1987 sollte darüber ein das Parlament bindendes Referendum abgehalten werden.[150] SM wurde von der *Royal Commission* für den Fall empfohlen, daß es keinen Wechsel zu einem Proporzmodus geben werde.

Der Kommissionsbericht wurde einem von der Regierung eingesetzten *Parliamentary Select Committee on Electoral Law* übergeben, von deren Mitgliedern nur eine kleine Minderheit die Forderung nach einer Totalreform des Wahlsys-

148 Vgl. ebd., S. 38 ff.
149 Zur genauen Beschreibung der Wahlverfahren vgl. Kap. 4.3.1 „Die Reformoptionen"
150 Vgl. Royal Commission on the Electoral System (1986), S. 64 f.

tems unterstützte.[151] In einem eigenen Bericht verteidigten die Parlamentarier das existierende Verfahren, schlugen als Kompromiß jedoch einen Volksentscheid mit den beiden Optionen FFP oder SM vor.[152] Dieser Vorschlag stieß in der Wahlreform-Lobby auf Hohn und Verachtung. 1987 hatte sich die *Electoral Reform Coalition* (ERC) gegründet - speziell mit dem Ziel, das von der *Royal Commission* favorisierte MMP-System für Neuseeland durchzusetzen. Diese veröffentlichte nun Umfrageergebnisse, die zumindest eine signifikant hohe Unterstützung für einen Wechsel zu proportionaler Repräsentation anzeigten: 45% der Befragten sprachen sich demnach für eine Reform aus, 45% für die Beibehaltung des Status quo.[153] Trotzdem stellte sich die Regierung auf den Standpunkt, es gebe keine breite Sympathiebewegung für MMP und deswegen auch nicht den Bedarf für ein Referendum.

Das gemeinsame Plädoyer für eine Vergrößerung des Parlaments

Weniger ablehnend verhielt sich der Parlamentsausschuß in der Frage der Aufstockung der Abgeordnetenzahl auf 120.[154] Die Argumente glichen denen der *Royal Commission*: Erstens könnte der Talent-Pool für die Bestellung von Ministerien erweitert werden; zweitens erhöht sich mit der Anzahl ihrer Mitglieder auch die Qualität der Ausschüsse; drittens erwartete man sich von einem größeren Parlament einen Auflockerung des bisher sehr geschlossenen *Caucus*-Systems.

Aufgrund des geringen Ansehens der Politiker stieß dieser Vorschlag in der Öffentlichkeit nur auf wenig Unterstützung. Das bisherige Verhältnis von Exekutive zu Legislative rechtfertigte jedoch die Argumentation der Expertenkommission und des Parlamentsausschusses. So hatte in der Vergangenheit die Zahl der einfachen Parlamentarier häufig kaum die der Amtsträger überstiegen.[155] Die gleichzeitige Mitarbeit in mehreren Ausschüssen hatte die Kontrolle gegenüber der Regierung sowie eine kompetente Gesetzgebungsarbeit erschwert. Die Verpflichtung zur absoluten Parteidisziplin war zudem durch die überschaubare Größe der Fraktionen forciert worden. Abweichendes Verhalten wurde streng

---

151 Zu den wenigen gehörte bespielsweise John Terris von der *Labour Party*, der 1990 eine eigene Gesetzesinitiative zur Abhaltung eines Referendums über die Einführung von MMP startete. Erwartungsgemäß scheiterte die Vorlage im Parlament. Vgl. James/ McRobie (1993), S. 125.

152 Vgl. Select Committee on Electoral Law (1988), S. 18-21.

153 Vgl. Vowles (1995), S. 103.

154 Zum Folgenden vgl. Select Committee on Electoral Law (1988), S. 34-36.

155 Eine ausgewählte Analyse der Kabinette 1957 bis 1975 führt deutlich vor Augen, wie klein die Auswahl an geeigneten Personen für einen Regierungsposten war. Vgl. McLeay (1987), Table 1, S. 291. Während der zweiten Amtszeit von Premierminister Jim Bolger (1993-96) gehörten 20,6% der Abgeordneten zum engeren Kabinett und 25,8% zur gesamten Regierung. Vgl. McLeay (1995), S. 24.

sanktioniert - so gab es zwischen 1936 und 1985 bei Tausenden von Abstimmungen nur 101 *dissenting votes.*[156]

Divergierende Konzepte zur Maori-Repräsentation

In der Frage der Maori-Repräsentation nahmen der Parlamentsausschuß und die *Royal Commission* divergierende Positionen ein. Letztere befürwortete für den Fall der Einführung von MMP eine Abschaffung der separaten Vertretung und verwies in diesem Zusammenhang vor allem auf die demokratischen Defizite in den ethnisch definierten Wahlkreisen.[157]

Seit Bestehen des Zweiparteiensystems in Neuseeland hatte die *Labour Party* ein Monopol auf die reservierten Sitze. Diese *safe seat*-Situation wirkte in zwei Richtungen negativ: Zum einen gab es für andere Parteien keine Motivation, Ressourcen für eine Kandidatur in den Maori-Wahlkreisen zu investieren; zum anderen brachte die faktische Ausschaltung von Konkurrenz einen nur geringen Anreiz zur Wahlbeteiligung.

Abgesehen von vielfältigen kulturellen und politischen Faktoren[158] kann der nicht- kompetitive Charakter der Maori-Wahldistrikte sicher als ein wesentlicher Grund für die relativ niedrige Partizipationsrate gewertet werden.[159] So bewegte sich der Anteil an Nicht-Wählern in Maori-Distrikten bis 1957 zwischen 10 und 20%, bis 1975 war er auf knapp 38% gestiegen; nach einer kurzzeitig sinkenden Tendenz erreichte er 1990 die Höchstmarke von 41,5%. Im Durchschnitt lag der Anteil an Nicht-Wählern von 1935 bis 1990 in den Maori-Wahlkreisen doppelt so hoch wie in den allgemeinen Wahldistrikten. Die vergleichsweise niedrige Wahlbeteiligung der Maori stellt sich als durchgängiges Phänomen dar und ist nicht primär auf die seit 1975 existierende Maori-Option zurückzuführen. Insbesondere seit 1981 hielt die Registrierung auf den Maori-Listen nicht mehr mit dem Anstieg der Wahlpopulation Schritt.

Die *Royal Commission* erkannte die garantierten Maori-Sitze zwar als wichtiges Symbol für den speziellen Status dieser Minderheit in Neuseeland an, im Zu-

---

156 Vgl. Jackson (1992a), S. 233-245.

157 Vgl. Royal Commission on the Electoral System (1986), S. 81 ff.

158 Das Institutionensystem Neuseelands ist europäischen Ursprungs, und es ist zu vermuten, daß Personen aus anderen Kulturkreisen politische Partizipation aus diesem Grund als weniger bedeutungsvoll ansehen - zumal sie über konkurrierende Repräsentationsforen wie z.B. den Maori-Stammesrat verfügen. Insbesondere die 1980er Jahre gelten als Phase des zunehmenden politischen und kulturellen Bewußtseins der Maori. Der *Maori Council of Churches* rief 1990 zur Wahlenthaltung auf, um ein Zeichen des Protestes gegen die ausbleibende Würdigung des *Treaty of Waitangi* zu setzen. Vgl. Te Runanga Whakawhanaunga I Nga Hahi (*Maori Council of Churches*) 1990.

159 Vgl. hierzu Chapman, Robert: Annex. Voting in the Maori Political Subsystem, 1934- 1984, in: Royal Commission on the Electoral System (1986), B-83-B-107; aktuelle Daten aus Vowles/ Aimer (1993), Table 4.5, S. 50.

sammenhang mit der Mehrheitsregel wogen die Nachteile für sie jedoch schwerer. Für eine Sonderstellung plädierte sie einzig bei der von ihr vorgeschlagenen Sperrklausel von 4%, welche für Parteien, die Maori-Interessen repräsentieren, nicht gelten sollte. Damit sollten anderen Parteien weitere Anreize gegeben werden, die Belange der nicht-weißen Bevölkerungsgruppe in Betracht zu ziehen.[160]

Der parlamentarische Ausschuß sprach sich für die Aufrechterhaltung der separaten Repräsentation aus und bezog sich dabei auf Eingaben von Maori, die explizit für reservierte Sitze votierten.[161] Tatsächlich waren große Teile der autochthonen Minderheit im Vorfeld der Referenden über die Zukuft ihrer parlamentarischen Vertretung besorgt.[162] Bei der Bemessung der Anzahl der Maori-Sitze hielt der Ausschuß jedoch eine Änderung für nötig: Die bisherige Fixierung sollte zugunsten einer flexiblen Festlegung aufgegeben werden. Als Kriterium war die Zahl der im Maori-Wahlregister eingetragenen Personen vorgesehen. Wie die *Royal Commission* in ihrem Bericht festgestellt hat, lag für das Jahr 1983 die durchschnittliche Wahlbevölkerung in den Maori-Distrikten um 7,8 Prozentpunkte höher als in den allgemeinen Wahlkreisen.[163] Vor diesem Hintergrund hatte auch sie sich - für den Fall, daß das alte FPP-System beibehalten wird - für eine Dynamisierung der Sitzzahl ausgesprochen.

4.2.2 Die Verzögerungstaktik der Parteien und die Haltung der Wähler

Der politische Apparat sperrte sich gegenüber dem zentralen Reformvorschlag der *Royal Commission*, der Forderung nach der Einführung eines personalisierten Verhältniswahlrechts.[164] Obwohl Premierminister Lange sich im Wahlkampf von 1987 zur Abhaltung eines Referendums verpflichtet hatte, distanzierte sich die *Labour Party* im Laufe der zweiten Legislaturperiode von diesem Versprechen. Geoffrey Palmer - nach dem Rücktritt Langes Regierungschef von 1989-90 - mußte, obwohl er selbst ein Verfechter des Verhältniswahlrechts war, den Kurs seiner Partei verteidigen. *Labour* setzte mit dieser Haltung seine moralische Autorität doppelt aufs Spiel: Hatte die Politik der ökonomischen Umstrukturierung vor allem traditionelle Anhänger verprellt, so stellte die Rückzugstaktik in der Wahlreformfrage die Respektabilität der Partei bei breiten Wählerschichten in Frage. *National* versuchte hieraus Kapital zu schlagen und nahm die nun immer lauter werdenden öffentlichen Forderungen nach Durchführung eines Referendums auf. Im Parteimanifest von 1990 wurde die Zusicherung festgeschrieben,

160 Vgl. Royal Commission on the Electoral System (1986), S. 101 ff.
161 Vgl. Select Committee on Electoral Law (1988), S. 24-27.
162 Vgl. *The Press*, 14. September 1992: 'Maori Seats in Parliament', in: McRobie (1993), S. 237.
163 Vgl. Royal Commission on the Electoral System, S. 94.
164 Zur Haltung der Parteien im Vorfeld der Referenden vgl. Jackson (1993), S. 17 ff.

noch vor 1992 ein bindendes Referendum zur Abstimmung vorzulegen.[165] Dies geschah zu einem Zeitpunkt, als keine der Führungen der beiden großen Parteien eine Umstellung des Wahlverfahrens befürwortete. Offenbar sah die politische Elite in der Durchführung eines Plebiszits nur ein geringes Risiko.

In der Wählerschaft bestand bereits 1987 deutliche Unterstützung für eine proportionale Repräsentation. In Umfrageergebnissen der *Victoria University of Wellington*[166] entschieden sich die Anhänger von Drittparteien zu fast 60% für einen Systemwechsel. Sogar bei der skeptischsten Gruppe, den National-Wählern, erreichte die Zustimmung einen Wert von über 30%; 1990 stieg die Zustimmungsrate auf knapp 50%. Bei den *Labour*-Wählern, den Anhängern von kleineren Parteien und den Nicht-Wählern zeigte sich eine Unterstützung deutlich über der 50%-Marke. Unabhängig von der politischen Position hat zwischen 1987 und 1990 die Sympathie für ein Verhältniswahlsystem bei allen Befragten zugenommen.
Nach der Wahl von 1990 - das Ergebnis führte noch einmal den hochgradig disproportionalen Effekt von *First-Past-the-Post* vor Augen[167] - wurde die Unterstützung für einen Wahlsystemwechsel sogar noch von den Zustimmungswerten für die Abhaltung eines bindenden Referendums übertroffen (Tab. 5). Die Erhöhung der Abgeordnetenzahl auf 120 - wie von Expertenseite und dem Parlament selbst befürwortet - stieß jedoch auf breite Ablehnung.

Tab. 5: Opinion on Electoral and Constitutional Change after the 1990 Election (%)

Do You personally think that we should:	Definitely yes	Probably yes	Can't say	Probably no	Definitely no	n
Change how our MPs are elected so we have proportional representation?	38	27	17	10	8	2065
Increase the number of MPs from 97 to 120?	4	8	20	25	43	1863
Be able to make government hold a bind ing referendum if enough people want one?	45	33	15	5	3	2054

Quelle: Vowles/ Aimer (1993), S. 220.
Anm.: Die Frage nach der Etablierung einer zweiten Kammer wurde von d. Verf. ausgeklammert.

165 Vgl. *New Zealand National Party*, Wahlmanifest 1990. (The New Zealand Politics Source Book (1994), S. 223).

166 Vgl. Levine/ Roberts (1992), Figure 6, S. 116. Die Ergebnisse der Umfrage sind im einzelnen nicht aufgeschlüsselt, sondern nur als Graphik dargestellt. Präzise Zahlangaben können deswegen hier nicht gemacht werden.

167 Vgl. Anhang A.

Vor Durchführung der Referenden gab es also eine zweifache Kluft zwischen politischer Elite und Bevölkerung: *National* und *Labour* standen der Einführung eines proportionalen Repräsentationsmodus ablehnend gegenüber, unter dem großen öffentlichen Druck wäre eine nochmalige Abkehr von Wahlkampfversprechen jedoch unmöglich gewesen. Allerdings wurde die Erhöhung der Abgeordnetenzahl auf 120 nicht gesondert zur Abstimmung vorgelegt - in einem separaten Referendum hätte dieser Teilaspekt der Reform wohl auch keine Mehrheit gefunden.

4.3 Die Referendumsphase

Nach der Amtsübernahme von 1990 hielt die *National Party* ihr Wahlkampfversprechen, jedoch in komplizierterer Form als angekündigt: 1992 wurde zunächst ein indikatives, also nicht bindendes Referendum abgehalten, das Auskunft über den von der Bevölkerung favorisierten Modus geben sollte. 1993 fand in einem zweiten Schritt die endgültige Entscheidung über eine institutionelle Reform statt.

4.3.1 Das indikative Referendum von 1992

Die Reformoptionen

Das nicht bindende Referendum vom 19. September 1992 war in zwei Abschnitte unterteilt. In Teil A hatten die Wähler die Möglichkeit, sich für eine Beibehaltung oder eine Änderung des Wahlsystems zu entscheiden. Teil B stellte vier Reformoptionen zur Auswahl:[168] *Preferential Voting* und *Supplementary Member* als modifizierte Varianten des Mehrheitswahlrechts sowie *Mixed Member Proportional* und *Single Transferable Vote* als Formen der proportionalen Repräsentation:

- *Preferential Voting* (PV):
  PV - auch als *Alternative Vote* bekannt - entspricht grob skizziert einem absoluten Mehrheitswahlsystem, ohne daß ein zweiter Urnengang erforderlich wäre. So wie bei FPP gibt es hier Einerwahlkreise, jedoch versieht der Wähler die Kandidaten in der Reihenfolge seiner Präferenz mit der entsprechenden Zahl (1, 2, 3 ...). Gewählt ist der Kandidat mit mehr als 50% der Erstpräferenzen. Wenn kein Bewerber die erforderliche absolute Mehrheit erreicht, werden die untersten Stimmen gestrichen und deren zweite Präferenzen neu verteilt, solange bis ein Kandidat die absolute Mehrheit hat.

---

168 Einen Überblick über die zur Wahl stehenden Reformoptionen sowie über FPP geben Catt/ Harris/ Roberts (1992), S. 7-116.

Angewandt wird dieser Modus bei den Unterhauswahlen in Australien und den Präsidentschaftswahlen in Irland.

- *Supplementary Member* (SM):
  SM basiert grundsätzlich auf dem Prinzip der einfachen Mehrheitswahl in Einerwahlkreisen. Dazu gibt es sog. *supplementary seats*, die an die einzelnen Parteien in Relation zu ihrem Stimmenanteil vergeben werden. Bis zu einem gewissen Grad kann also die Differenz zwischen Stimmen- und Sitzanteil einer Partei ausgeglichen werden. Die Spielarten von SM unterscheiden sich in bezug auf die Anzahl der ergänzenden Sitze und die Höhe einer Sperrklausel; diese Faktoren entscheiden über den Grad der Proportionalität. Ferner gibt es Abweichungen in der Stimmabgabe: Für Neuseeland schlug die *Royal Commission* vor, daß der Wähler zwei Stimmen haben sollte, eine Wahlkreis- und eine Listenstimme, der Parlamentsausschuß sprach sich für die Beibehaltung nur einer Stimme aus.
  Versionen des SM-Systems existieren in Ungarn und Südkorea.

- *Mixed Member Proportional* (MMP):
  MMP ist ein personalisiertes Verhältniswahlrecht. Jeder Wähler hat zwei Stimmen, eine Wahlkreis- und eine Listenstimme. Der Wahlkreisabgeordnete wird durch einfache Mehrheitswahl bestimmt. Der Prozentsatz der Listenstimmen legt den Anteil der Gesamtsitze einer Partei fest. Überhangmandate sind möglich, wenn die Anzahl der Direktmandate einer Partei die Summe der ihr zustehenden Listenmandate überschreitet (*overflow*). Die *Royal Commisison* schlug für Neuseeland eine Sperrklausel von 4% vor.
  Nach dem MMP-Modus wird in der Bundesrepublik Deutschland gewählt; es besteht eine 5% - Sperrklausel.

- *Single Transferable Vote* (STV):
  STV findet in Mehrpersonen-Wahlkreisen statt und folgt einem komplizierten Auszählungsverfahren: Der Wähler hat die Möglichkeit zur präferenzstrukturierten Stimmabgabe: Er numeriert die Kandidaten in der von ihm bevorzugten Reihenfolge (1, 2, 3 ...). Eine vorab festgelegte Quote definiert das Minimum der für ein Mandat nötigen Stimmen. Ein Kandidat ist gewählt, wenn er das erforderliche Stimmensoll an Erstpräferenzen erreicht hat. Die überzähligen Stimmen werden auf die Kandidaten zweiter Präferenz verteilt. Dies wird solange fortgesetzt, bis alle Bewerber mit einer Stimmenzahl über dem Quotenlevel gewählt sind. Sind dann noch Sitze zu vergeben, wechselt STV zu der Methode der Kandidateneliminierung. Der Bewerber mit den wenigsten Stimmen wird gestrichen, seine Präferenzen werden nach dem oben erläuterten

Verfahren neu verteilt. Der Proportionalitätsgrad von STV ist von der Größe der Wahlkreise und der Zahl der zu wählenden Kandidaten abhängig.
STV wird bei den Unterhauswahlen in Irland, den Parlamentswahlen in Malta und den Wahlen zum australischen Senat angewandt.

Akteure und Inhalte der ersten Referendumskampagne

Das offizielle Informationsprogramm

Die Regierung startete vor der ersten Volksabstimmung eine breit angelegte Informationskampagne;[169] der Justizminister installierte dazu ein unabhängiges Gremium, das *Electoral Referendum Panel*, das im Juni 1992 seine Arbeit aufnahm. Die Ernennung der Mitglieder erfolgte in Absprache mit dem *Chief Ombudsman*[170], der wiederum mit der parlamentarischen Opposition konsultierte.[171] Das Electoral Referendum Panel hatte die Aufgabe, das amtliche Informationsprogramm zu koordinieren und das Material vor seiner Veröffentlichung auf inhaltliche Qualität und neutrale Ausrichtung hin zu überprüfen. Zwei private Unternehmen, ein PR-Büro und eine Werbeagentur, wurden mit der Öffentlichkeitsarbeit beauftragt. Im Zentrum der Informationskampagne stand die Broschüre mit dem Titel *We're Taking it to the People*, die in der ersten Juliwoche des Jahres 1992 an jeden neuseeländischen Haushalt verteilt wurde. Sie beinhaltete eine kurze Erläuterung der im Referendum angebotenen Optionen; eine Zusammenfassung der von der *Royal Commission* vorgelegten Prüfkriterien sollte die Bewertung der verschiedenen Wahlmodi erleichtern. Ergänzt wurde diese Broschüre durch ein 24-seitiges Buch *Guide to the Electoral Referendum*, das in öffentlichen Bibliotheken, Informationszentren und Wahlsekretariaten ausgelegt

---

169 Zum Folgdenden vgl. McRobie, Alan: Educating the Public, in: McRobie (1993), S. 41-51.

170 1962 übernahm Neuseeland aus Skandinavien die Institution des *Ombudsman*. Laut Gesetz von 1975 arbeitet der *Ombudsman* als Beamter des Parlaments, ist also nicht der Exekutive verpflichtet. Die Konvention schreibt vor, daß sich Oppositions- und Regierungsfraktion gemeinsam auf eine bestimmte Person einigen, bevor die Nominierung vom Parlament gebilligt wird. Der Ombudsman hat das Recht zur Überprüfung von Behörden- und Parlamentsentscheidungen und wird dabei auch proaktiv wirksam, er/sie entwirft Richtlinien und setzt Standards für die Gesetzgebung fest, die über den Einzelfall hinausgehen. Die Einführung des *Ombudsman* hatte einen positiven gewaltenkontrollierenden Effekt. Denn damit war ein unabhängiges Kontrollorgan mit vollem Zugang zu amtlichen Informationen und dem Recht zur öffentlichen Abmahnung von problematischen Regierungsentscheidungen geschaffen.
Vgl. Palmer/ Palmer (1997), S. 224 ff.

171 Den Vorsitz des Gremiums führte *Chief Ombudsman* John Robertson, andere Mitglieder waren David McGee (Protokollführer des Parlaments), Peter Blanchard (ein Mitglied der *Law Commission*), Sir Hugh Kawharu (Universitätsprofessor in Auckland und prominenter Maori- Führer) und Judith Aitken (leitende Beamtin im Frauenministerium). Vgl. McRobie, Educating the Public, in: McRobie (1993), S. 41-51, hier S. 42.

wurde. Spezielle Interessengruppen wurden mit Sonderinformationen bedient. Erwähnenswert ist in diesem Zusammenhang, daß die Maori auf Broschüren zurückgreifen konnten, die die Implikationen der einzelnen Reformoptionen für ihre Wählerschaft aufzeigten. Die federführenden Agenturen stützten sich extensiv auf die Schaltung von Werbeanzeigen: im Fernsehen, im Radio, in der Tagespresse und in ausgewählten Periodika. Das *Electoral Referendum Panel* ging in der Realisierung seines Informationsauftrags zweistufig vor: In der ersten Phase - im Juli 1992 - sollte öffentliches Bewußtsein über das Referendum geschafften werden. In der zweiten Phase, also im August und September, versuchte man die Wähler zur eigenen Auseinandersetzung mit dem Thema, insbesondere zum Studium der Haushaltsbroschüre, zu animieren. Als wissenschaftlicher Berater des Gremiums fungierte Nigel Roberts von der *Victoria University of Wellington*, dessen Aufgabe es war, eine sachkundige und dennoch lesbare Beschreibung der einzelnen Wahlsysteme zu erstellen.

Die Einrichtung eines *Electoral Referendum Panel* sollte eine möglichst neutrale Information der Öffentlichkeit garantieren. Dennoch versuchten führende Regierungspolitiker die Diskussion in ihrem Sinne zu beeinflussen. Insbesondere die Interventionen des damaligen Premierministers Jim Bolger lösten eine kontroverse Debatte aus.[172] Zum einen hatte er behauptet, der Wechsel zu einem Proporzsystem wäre notwendigerweise mit einer Erhöhung der Abgeordnetenzahl auf 120 verbunden. In der Woche unmittelbar vor der Abstimmung verkündete er, die Abschaffung von FPP würde gleichzeitig das Ende der separaten Maori-Repräsentation bedeuten. Zwar hatte die *Royal Commission* beides in ihrem Abschlußbericht empfohlen, das Parlament hatte sich mit den Details einer Wahlsystemänderung jedoch noch nicht beschäftigt. Beide Punkte waren in der Öffentlichkeit äußerst umstritten, so daß zu vermuten ist, daß Bolgers Äußerungen darauf abzielten, Irritationen in der Wählerschaft zu provozieren. Das *Electoral Referendum Panel* dagegen bemühte sich zu betonen, daß keine der Reformoptionen eine Ausweitung des Parlaments oder eine Abschaffung der Maori-Sitze zwingend beinhaltet.

Die Reformgegner - eine Allianz der großen Parteien

Führende Politiker der beiden großen Parteien gründeten 1992 eine Organisation zur Verteidigung des bestehenden Wahlsystems, die *Campaign for First Past the Post*. Die Kritik von Oppositionsführerin Helen Clark und Gesundheitsminister Simon Upton konzentrierte sich vor allem auf die Regierungsbildung und auf die Stellung des Abgeordneten unter den Bedingungen eines Verhältniswahlsystems. MMP - so die Argumentation - würde die Unsicherheit der Wähler über die Politik einer neu zu wählenden Regierung noch erhöhen; denn die Bildung einer

172 Vgl. Levine/ Roberts (1993), S. 161.

Koalitionsregierung bleibt den Verhandlungen zwischen den Parteien nach den Wahlen vorbehalten. Zwischen Wahlakt und der Entscheidung für eine konkrete Politikalternative bestünde also keine direkte Relation.[173] Dieses Problem des *post-electional-bargaining* wird häufig auch von Opponenten einer Reform des britischen Wahlsystems angeführt. In Großbritannien erreichte die Diskussion über verschiedene Aspekte einer konstitutionellen Reform vor der Wahl der *Labour Party* mit Tony Blair an der Sitze ihren Höhepunkt und wurde vor allem von linksliberaler Seite geführt. Der konservative Politologe Philip Norton gehörte damals zu den wenigen Vertretern seiner Zunft, die für eine Beibehaltung des Status quo votierten; er gab zu bedenken, daß ein Proporzsystem möglicherweise die Legitimität des politischen Systems gefährde, da die Zusammensetzung der Exekutive im Zirkel der Elite stattfindet.[174]
Im Zusammenhang mit der Regierungsbildung monierten Reformgegner ferner, daß kleinen Parteien eine unverhältnismäßig große Rolle zufällt. Die Freien Demokraten in der Bundesrepublik wurden als Beispiel für solch eine Veto-Position herangezogen.[175] Die *Campaign for First Past the Post* versuchte damit das Argument der Reformbefürworter, ein Proporsystem biete mehr Fairneß, auszuhebeln. Auch diese Kritik erinnert an Nortons Plädoyer für eine Beibehaltung der Mehrheitswahl in Großbritannien.

Einen zweiten Schwerpunkt der Anti-MMP-Kampagne bildete der Vorwurf, daß die Umstellung auf eine proportionale Repräsentation die direkte Verantwortlichkeit zwischen Wähler und MP auflösen würde; tatsächlich bedeutete der Wahlsystemwechsel eine Erweiterung der Bevölkerungsquote in den Wahlkreisen von 34.000 auf rund 50.000. Im Vergleich zu Großbritannien nimmt sich aber auch diese Zahl relativ niedrig aus - hier liegt die Standardquote bei rund 65.000.[176] Selbst wenn man also die größere Fläche der neuseeländischen Wahlkreise in Betracht zieht - die Bevölkerungsdichte ist im Vereinigten Königreich 255 mal höher als in seiner ehemaligen Kolonie -, so war doch davon auszugehen, daß auch unter den neuen Bedingungen von MMP ein angemessene territoriale Repräsentation möglich ist.
Das populärste Argument der *Campaign for First Past the Post* nahm auf die Erhöhung der Abgeordnetenzahl Bezug; wie oben ausgeführt, war zu diesem

---

173 Vgl. Clark, Helen: Politics a Sobering Experience for Us All, in: McRobie (1993), S. 112- 115, hier S. 112 f.

174 Vgl. Norton (1992), S. 140-142.

175 Vgl. Upton, Simon: Looking to the Things that Unite Us, in: McRobie (1993), S. 189-193, hier S. 189.

176 Vgl. Johnston (1986), S. 279.

Zeitpunkt eine Erweiterung des Parlaments noch nicht beschlossen - dennnoch versuchte man, MMP mit 'More MPs' synonym zu setzen[177].

Da die *Campaign for First Past the Post* überwiegend aus prominenten Politikern der beiden großen Parteien bestand, schadete sie der Mehrheitswahl eher als daß sie ihr diente. Ihre Aktivitäten wurden in der Öffentlichkeit primär als Versuch gewertet, eigene Machtbastionen aufrechtzuerhalten, so daß sich die Organisation schließlich Ende 1992 auflöste.

Die starke Position der Reformbefürworter

Selbst Negativkampagnen trugen dazu bei, den Bekanntheitsgrad von MMP im Vergleich mit den anderen angebotenen Alternativen zu steigern. Als Promotor dieser Variante des Verhältniswahlsystems trat maßgeblich die oben erwähnte *Electoral Reform Coalition* auf.[178] Die ERC hatte seit ihrer Gründung im Jahr 1986 ein Monopol auf die Reformdebatte und blieb auch 1992 ohne einen einflußreichen Gegenspieler. Sie ist als der dominante Akteur der ersten Referendumskampagne zu bezeichenen. Ihr Marketing für MMP manifestierte sich an zwei zentralen Punkten. Erstens: Gerade die Tatsache, daß unter MMP Koalitionsregierungen zur Norm werden, wurde von der ERC als zentraler Vorteil einer Wahlreform dargestellt. Mehrparteienkabinette befördern - so die Argumentation - Kooperation und Konsens, vor allem wichtige wirtschaftspolitische Entscheidungen könnten dadurch auf der Grundlage einer breiten gesellschaftlichen Zustimmung ausgehandelt werden.[179] Zweitens: MMP könnte auch als Motor einer Parlamentsreform dienen - unter dem gegenwärtigen bipolaren System sei eine Neustrukturierung des legislativen Prozedere eher unwahrscheinlich[180].

Als prominenter Vertreter der kleinen Parteien griff Jim Anderton - Vorsitzender von *NewLabour* und *Alliance* - in die Debatte ein. Anhand seiner Argumentation lassen sich die an MMP geknüpften Erwartungen noch einmal zusammenfassen, die im wesentlichen in zwei Richtungen zielten: Zum einen vertraute er auf das

---

177 Vgl. Upton, Simon: Looking to the Things that Unite Us, in: McRobie (1993), S. 189-193, hier S. 191.

178 Vgl. dazu die Redebeiträge von Peter Aimer, Phil Saxby und Nigel Roberts in der Diskussion zu Helena Catts Aufsatz 'Referendum Themes', in: Vowles/ Aimer (1994), S. 131 f.

179 Vgl. Clark, Colin: MMP Seen as the Best Reform Option, in: McRobie (1993), S. 186-188, hier S. 187.

180 Zum Teil verfochten auch Vertreter der *Campaign for First Past the Post* eine Änderung des existierenden Machtverhältnisses zwischen Exekutive und Legislative. So sollte die Größe des Kabinetts im Verhältnis zum Parlament kleiner, der Fraktionszwang gelockert und der Gesetzgebunsprozeß verlangsamt werden. Die Arbeit der Ausschüsse sollte höhere Priorität bekommen und der Haushaltsentwurf offener und vor allem länger diskutiert werden. Vgl. Clark, Helen: Politics a Sobering Experience for Us All, in: McRobie (1993), S. 112-115, hier S. 113 f. Kritisch bleibt zu fragen, wie eine solche Aufwertung der parlamentarischen Arbeit bei einem weiter bestehenden Zweiparteien-Regime zu verwirklichen gewesen wäre.

konsensbildende Potential von MMP - die Akteure sollten durch institutionelle Voraussetzugen zu einer Abkehr von Konfliktstrategien gezwungen und damit wieder an die Wählerschaft rückgebunden werden. Zum anderen werteten Anderton und andere Reformbefürworter das Verhältniswahlsystem als Initialzündung für eine umfassende Neuetablierung des Verhältnisses zwischen Regierung und Parlament.

Das Ergebnis

Die Ergebnisse der Abstimmung von 1992 zeigen, daß die Neuseeländer ein überwältigendes Votum für eine institutionelle Reform abgaben (Tab. 6). Ganz deutlich wurde MMP den anderen angebotenen Alternativen zum bisherigen Mehrheitswahlrecht vorgezogen. Dieser klare Sieg für eine Reform nach bundesrepublikanischem Muster läßt sich wohl auf die Lobby-Arbeit der ERC und auf die entsprechenden Empfehlungen der als unabhängig anerkannten *Royal Commission* zurückführen.

Tab. 6: Ergebnisse des neuseeländischen Wahlreferendums, September 1992

	Votes	%
Part A		
Vote to retain the present first-past-the-post system	186.027	15,3
Vote for a change to the voting system	1.031.2 57	84,7
	1.217.2 84	100,0
Part B		
Vote for the supplementary member system (SM)	62.278	5,5
Vote for the single transferable vote system (STV)	194.796	17,4
Vote for the mixed member proportional system (MMP)	790.618	70,5
Vote for the preferential voting system (PV)	73.539	6,6
	1.121.2 61	100,0
Turnout		55,2

Quelle: Levine/ Roberts (1993), S. 162.

Die Beteiligung an der Volksabstimmung nahm sich mit 55,2% vergleichweise niedrig aus. Die Referenden, die in Neuseeland bis dahin nicht in Verbindung mit allgemeinen Wahlen abgehalten worden waren, hatten überwiegend höhere Partizipationsraten verzeichnen können[181] - und dies, obwohl keines von einer

181 Wahlbeteiligung (als Prozentsatz der gültigen Stimmen): Lotteriespiel, Öffnungszeiten der Gaststätten (1949): 54,3%; Wehrpflicht (1949): 63,5%; Dauer der Legislaturperiode, Öffnungs-

amtlicherseits initiierten und neutral gehaltenen Informationskampagne begleitet wurde. Als ein ausschlaggebender Grund ist die nur indikative Wirkung des Referendums zu nennen. Angesichts der Komplexität des Themas dürften sich viele Wähler dafür entschieden haben, auf das zweite, bindende Referendum mit klarer Präferenzstruktur zu warten. Das relative Desinteresse der Bürger verweist jedoch auch auf die Informationskampagne des *Electoral Referendum Panel*. Kritik entzündete sich insbesondere an einem angeblich elitären und mittelschichtsorientierten Ansatz.[182] Auffallend niedrig war die Wahlbeteiligung in den Maori-Distrikten, wo nur ein Drittel der Registierten ihre Stimme abgab.[183] Hier könnte sich der Aufruf einiger Maori-Repräsentanten zum Wahlboykott ausgewirkt haben.

Trotz der Professionalität und Expertise eines unabhängigen Informationsgremiums konnte die Referendumskampagne von 1992 also nur mangelnde Anziehungskraft entwickeln. 1993 änderte sich die Situation. Gleichzeitig mit den Parlamentswahlen wurden die Bürger nach ihrer Meinung zu einer Reform des Wahlsystems befragt - allein dies sicherte eine ungleich höhere Beteiligung. Doch auch das Feld der Akteure war anders organisiert: Die *Electoral Reform Coalition* mußte ihre Argumente nun gegen einen Konkurrenten verteidigen.

4.3.2 Das bindende Referendum von 1993

Die Alternativen: FPP vs. MMP

Das bindende Referendum vom 6. November 1993 stellte die Wähler vor eine simple Alternative: Sie konnten sich entscheiden zwischen der Beibehaltung von *First-Past- the-Post* und einem Wechsel zu *Mixed Member Proportional*. Die erste Option folgte dem Wahlgesetz von 1956[184] und sah für die Wahl von 1996 folgenden Modus vor:

- Jeder Wähler hat nach wie vor eine Stimme für einen Kandidaten in seinem Wahlkreis. Gewählt ist der Bewerber mit den meisten gültigen Stimmen.

---

zeiten der Gaststätten (1967): 69,7%. Vgl. Royal Commission on the Electoral System (1986), Table 7.1, S. 169.

182 So war die an alle Haushalte verteilte Informationsbroschüre offenbar nicht einfach genug aufbereitet. McRobie nennt Schätzungen, die davon ausgehen, daß einer von acht Erwachsenen beträchtliche Schwierigkeiten hatte, den Inhalt zu verstehen. Leider liegt zu diesem Punkt keine weitere Literatur vor, so daß McRobies Kritik hier nicht weiter verfolgt werden kann. Vgl. McRobie, Educating the Public, in: McRobie (1993), S. 41-51, hier S. 49.

183 Vgl. Levine/ Roberts (1993), S. 163.

184 Zur genauen Erläuterung des FPP-Systems vgl. Kap. 3.1.1 „Funktionsprinzipien von *First-Past-the-Post* (FPP)“.

- Die Anzahl von 99 Sitzen im Parlament wird beibehalten, davon vier Maori-Sitze und 95 allgemeine Sitze.
- Nach dem Zensus von 1996 wird die Anzahl der Sitze neu festgelegt, wobei die 25 Mandate für die südliche Insel auf jeden Fall bestehenbleiben.

Die zweite Option hielt den Entwurf des *Select Committee on Electoral Law* von August 1993 fest.[185] Einige Modifikationen zeigen das Bestreben der großen Parteien, das bundesrepublikanische System nach ihren Interessen an die Situation in Neuseeland anzupassen. Teils sollte ihre Machtbastion so weit wie möglich geschützt werden, teils sollte die öffentliche Meinung beeinflußt werden, indem unpopuläre Regelungen mit dem MMP-System verknüpft wurden:

- Das Abgeordnetenhaus besteht gewöhnlich aus 120 MPs, wovon 60 allgemeine Wahldistrikte repräsentieren und 55 Listenabgeordnete sind. Auf der Südinsel gibt es 16 Wahlkreise.[186] Die Entscheidung für 120 Abgeordnete wurde trotz der Tatsache getroffen, daß die meisten Wähler eine solche Erhöhung ablehnten.
- Die Zahl der Maori-Sitze soll von der Summe der im Maori-Wahlregister Eingetra- genen abhängen, also flexibel sein. Im Referendumsjahr 1993 stand die Zahl der Maori-Mandate für den nächsten Urnengang noch nicht fest; auf der Basis des Wahlregisters von 1994 und dem Zensus von 1991 wurden später fünf Wahlkreise eingerichtet.[187]
- Den Wählern liegen nur geschlossene Parteilisten vor; d. h., es muß eine vorgegebene Rangordnung von Kandidaten akzeptiert werden. Die Verpflichtung der Parteien zu einem demokratischen Ablauf der Kandidatenselektion wird ausdrücklich festgehalten. Die fehlende Wahlmöglichkeit der Bürger in Bezug auf die Zusammensetzung der Listen wurde von der Anti-MMP-Kampagne 1993 heftig kritisiert.
- In der Sperrklausel geht Neuseeland einen ähnlichen Weg wie die Bundesrepublik. Eine Partei muß mindestens 5% der Listenstimmen oder zumindest ein Direktmandat erhalten, um im Parlament gemäß ihrem Stimmenanteil repräsentiert zu sein. Damit wich der Wahlrechtsausschuß von der Empfehlung der *Royal Commission*, die Sperrklausel bei 4% festzulegen und für Parteien von ethnischen Minderheiten eventuell

---

185 Das MMP-System ist in seinen Grundzügen im Wahlgesetz von 1993 festgelegt, nachfolgende Gesetze betreffen die Regelung von Detailfragen wie den zulässigen Zeitraum für die Nominierung von Parteien oder notwendige Ergänzungen zur Festlegung von Anzahl und Größe der Maori-Wahlkreise. Vgl. *Electoral Amendment Acts* 1995, 1996. Zur Fassung, die den Wählern zur Abstimmung vorlag, vgl. *Electoral Act* 1993.

186 Zur geographischen Einteilung der allgemeinen Wahldistrikte vgl. Anhänge E, F.

187 Vgl. Anhang G.

eine noch niedrigere Hürde anzusetzen, bewußt ab. Je schwieriger eine parlamentarische Repräsentation für die kleinen Akteure zu erreichen ist, desto größer ist der potentielle Stimmen- und Sitzanteil der großen Parteien.

- Als Verrechnungsverfahren gilt die Divisorenreihe Sainte Laguë: Die abgegebenen gültigen Stimmen für die Parteien werden durch die aufsteigenden ungeraden Zahlen 1, 3, 5, 7, etc. dividiert. Die Mandate verteilen sich nach den Höchstzahlen, d. h. nach der Größe der entstehenden Quotienten, auf die einzelnen Parteien. Die Anwendung von Sainte Laguë ist bemerkenswert, da diese Methode kleine Parteien begünstigt und deswegen in keinem europäischen Staat in seiner reinen Form angewandt wird.[188]
- Die Wahlkreisgrenzen werden alle fünf Jahre auf Grundlage des aktuellen Zensus von der Representation Commission überprüft.[189] Der zulässige Höchstwert für eine Abweichung von der festgelegten Bevölkerungsquote beträgt 5%.[190]
- Die *Entrenchment*-Klausel von 1956 wird im neuen Wahlgesetz beibehalten. Der Katalog der geschützten Regelgungen ist mit dem von 1956 identisch.

Die maßgeblichen Akteure

Wie im Referendum von 1992 informierte ein unabhängiges Gremium über die Abstimmung und die Funktionsweise der beiden Wahlsysteme.[191] Mitte Oktober 1993 - nur wenige Wochen vor dem Wahltag - erklärte das *Electoral Referendum Panel*, daß nun 90% der Neuseeländer von der bevorstehenden Abstimmung Kenntnis hätten. Eine von der *Victoria University of Wellington* in der letzten Woche der Referendumskampagne durchgeführte Studie stellte fest, daß 66% der Befragten nach eigenen Angaben ausreichend unterrichtet seien, während 21% weitere Information für erforderlich hielten.

---

188 Leider liegt über den Entscheidungsprozeß innerhalb des *Select Committee on Electoral Law* keine Literatur vor. Es bleibt deswegen offen, wieso gerade dieses Verrechnungsverfahren für Neuseeland gewählt wurde.
Zu Sainte Laguë und seinen Auswirkungen vgl. Gallagher (1991), S. 35 f.

189 Die *Representation Commission*, wie sie im *Electoral Act* von 1993 beschrieben ist, unterscheidet sich kaum von der des Jahres 1956 - nur der Direktor der *New Zealand Post*, die zum damaligen Zeitpunkt bereits in ein SOE umgewandelt war, gehört dem Gremium nicht mehr an. Auch der Nominierungsmodus blieb gleich. Vgl. *Electoral Act* 1993, III, Section 28 (2).

190 Die für 1996 geltenden Bevölkerungsquoten betragen für die Südinsel 51.747, für die Nordinsel 51.866 und für die Maori-Wahlkreise 52.844. Vgl. Statistics New Zealand (1996), S. 35.

191 Zum Informationsstand der Wähler vgl. Levine/ Roberts (1994a), S. 49. In edierter Form ist bisher noch keine weitere Literatur zu Stil und Auswirkungen der Informationskampagne greifbar.

Die Schlüsselfragen der Bürger wurden jedoch von zwei anderen Organisationen beantwortet: von der bereits seit 1986 aktiven *Electoral Reform Coalition* und einer neugegründeten Plattform zur Verteidigung des Mehrheitswahlsystems *Campaign for Better Government* (CBG). Im April 1993 rief der damalige Vorsitzende der *Telekom New Zealand*, Peter Shirtcliffe, diese neue Organisation ins Leben. Im Gegensatz zu den Reformbefürwortern konnte die CBG auf umfangreiche finanzielle Ressourcen zurückgreifen. Schätzungen gehen von einem Budget aus, das mindestens bei 1,5-2 Millionen NZ$ lag.[192] Dagegen gab die ERC nach eigenen Angaben 200.000 NZ$ aus.[193] Auch die Organisationsstruktur der beiden Pressure Groups verweist auf deren unterschiedliche finanzielle Basis.[194] Die *Electoral Reform Coalition* rekrutierte sich überwiegend aus Mitgliedern der *Labour Party*, der Gewerkschaften, der *Greens* und der *Alliance*. Als Netzwerk von Amateuren glich sie eher einer Graswurzelbewegung als einem schlagkräftigen Interessenverband. Die *Campaign for Better Government* hatte sich dagegen als private Stiftung etabliert, sie beschäftigte professionelle Spendenakquisiteure und Manager zur Koordinierung der Werbekampagne. In der Literatur wird die asymmetrische Ausgangssituation der beiden Organisationen auch mit dem Bild des 'David gegen Goliath' umschrieben.[195] In der Retrospektive wirkte sich dies zum Nachteil der CBG aus - sie wurde in der Öffentlichkeit überwiegend als Repräsentant des 'Big Business' wahrgenommen.[196]

Am umfassendsten wurde die Opposition gegenüber MMP vom oben erwähnten *Business Roundtable* artikuliert.[197] In seinem Auftrag arbeitete ein Team von zwei amerikanischen und einem neuseeländischen Wissenschaftler daran, einen Vorschlagskatalog für eine konstitutionelle Reform zu entwickeln. Das Dokument war zwar intellektuell bestechend und hatte eine fundierte Basis in der Demokratietheorie der *Public Choice*-Schule, beinhaltete jedoch keine systematische empirische Untersuchung der politischen Praxis in Neuseeland. In die öf-

---

192 Vgl. Levine/ Roberts (1994b), S. 236.

193 Diese ungleiche Konkurrenzsituation führte schließlich zu Spendenaufrufen der ERC. Die finanziellen Zuwendungen konnten gestaffelt werden: 50 NZ$ für Rundfunkwerbung, 200 $ für ein Gebäudetransparent, 500 $ für Informationsbroschüren für einen ganzen Wahlkreis, 1.400 $ für ein Viertel eines TV-Spots zur Hauptsendezeit und 3.000 $ für einen Spot zur sonstigen Sendezeit. Die Befürchtungen der ERC waren nicht ohne Grund, denn Wählerbefragungen während der Referendumskampagne hatten ergeben, daß die Positionen der Bürger zu einer Wahlreform erheblich von der Werbung in den Medien beeinflußt wurden.
Vgl. Levine/ Roberts (1994a), S. 49 f.

194 Vgl. Temple (1995), S. 236.

195 Vgl. Boston u.a. (1996), S. 22.

196 Dies ist sicherlich als Hindernis für den Erfolg der Kampagne zu werten. In einer Erhebung während der letzten Woche vor der Abstimmung stimmten 75% der Befragten der Aussage zu, daß das Kapital zu großen Einfluß auf die Regierung nehmen könne ('Big business has too much access to governement.'). Vgl. Levine/ Roberts (1994b), S. 252, Anm. 13.

197 Vgl. Vowles (1995), S. 106.

fentliche Reformdebatte brachte es deswegen keine nennenswerten Argumente ein.

Argumente

Der *Campaign for Better Government* gelang es, die Agenda von 1993 als zweiter maßgeblicher Akteur - neben der ERC - argumentativ zu besetzen.[198] Ihre Strategie verlief zweifach: Zum einen griff sie bei den Bürgern vorhandene Ängste auf und versuchte Ressentiments gegenüber MMP durch teils bewußt unvollständige Information zu bestärken. So führte sie die Parlamentsvergrößerung als zentralen Kritikpunkt an und folgte damit ganz dem Trend der Wählermeinung:

> "We're right to be angry with our MPs. Many have abused the trust we've placed in them. Voting for MMP won't fix that. It'll make it worse [...] MMP will give us more MPs. It won't stop them making their promises. It won't make them behave better. It'll take power from people and give it to political parties. Who wants that?"[199]

Zielgerichtet manipuliert wurde die Wählerperspektive im Süden. MMP - so die Darstellung der Reformgegner - führe zu einem Mißverhältnis zwischen der Repräsentation der Süd- und der Nordinsel:

> "With first-past-the-post the South Island has 25 locally elected MPs out of a Parliament of 99. Under the MMP the South Island will only have a mere 16 locally elected MPs out of a Parliament of 120. That's not fair!"[200]

Die CBG ließ dabei die Tatsache außer acht, daß die für einen Proporzmodus ausgearbeitete Gesetzesvorlage eine ausgewogene Vertretung der beiden Landesteile fixiert hatte. So stand im *Electoral Act* von 1993, daß der Bevölkerungsquotient zur Bemessung der südlichen Distrikte auch auf den Norden Anwendung findet.[201]

Wie in der Kampagne von 1992 wurde der undemokratische Charakter der geschlossenen Listen hervorgehoben:

> "Under MMP a candidate who you toss out of your local electorate could get straight back into Parliament - *Through the back door* - Just because they happen to be on the party list."[202]

---

198 Eine fundierte Studie zum Profil der Referendumgskampagne von 1993 und zu den ausgetauschten Argumenten liegt bisher noch nicht vor. So bleiben die Ausführungen an dieser Stelle ergänzungsbedürftig. Die Auswertung von Zeitungen und Magazinen aus Neuseeland war aufgrund der schlechten Literaturlage in Deutschland leider nicht möglich.

199 Dominion, 5.11.1993, S. 26 (Zit. nach Levine/ Roberts (1994a), S. 50.)

200 Zit. nach McRobie (1994), S. 109, Anm. 17.

201 *Section* 35 des *Electoral Act* von 1993 legt fest:

202 *Evening Post*, 3.11.1993, S. 32. (Zit. nach Levine/ Roberts (1994a), S. 51.)

In einem zweiten Schwerpunkt warnte die CBG vor den angeblich verhängnisvollen Konsequenzen einer Wahlreform. So wurde eine enge Verbindung hergestellt zwischen dem Verhältniswahlrecht und exekutiver Instabilität; Koalitionsregierungen, Minderheitsregierungen und häufiger Regierungswechsel - dies waren die zentralen Elemente in den Szenarien für Neuseeland nach 1996. Zum Auftakt ihrer Anzeigenserie zitierte die CBG folgende Reuter-Schlagzeile: "Italy votes to end chaos." Hinzugefügt wurde der Satz: "This year, New Zealand votes to start it."[203]

Die Ergebnisse einer Umfrage zum Thema, was Wahlen und was eine Regierung leisten sollte, legen den Schluß nahe, daß die Pro-MMP-Lobby sich mit ihren Argumenten durchsetzen konnte.[204] 51% stimmten der Idee der proportionalen Repräsentation zu, 55% legten gleichzeitig Wert darauf, durch einen Abgeordneten ihres Vertrauens vertreten zu werden, und 53% unterschrieben die Aussage, daß die Regierung auf eine Mehrheit zurückgreifen sollte, die auf mindestens der Hälfte der Wählerstimmen basiert. Doch auch der zentrale Effekt des Mehrheitswahlrechts, die Regierungsbildung durch eine Partei, stieß auf große Zustimmung: 44% der Befragten hielten dies für eine wünschenswerte Funktion von Wahlverfahren. Analog zu dem unten erläuterten knappen Ausgang des Referendums waren die Einstellungen zu den politischen Zielen von Wahlsystemen zwar leicht zugunsten des Proporzmodus' verteilt; eine entschiedene Favorisierung der Effekte eines Systems läßt sich jedoch nicht ablesen.

Analyse des Ergebnisses

Das Abstimmungsverhalten von 1992 und 1993 im Vergleich

Da das zweite, bindende Referendum gemeinsam mit den Parlamentswahlen abgehalten wurde, stieg die Wahlbeteiligung im Vergleich zu 1992 um rund 30%. Die Unterstützung für den Status quo kletterte um circa 30 Prozentpunkte auf 46,1%. Diese Zahlen (Tab. 7) lassen zunächst die Schlußfolgerung zu, daß das Pro-MMP- Lager quantitativ stabil blieb[205], während die Reformgegner erst durch die 1993 angelaufene kontroverse Debatte in größerem Umfang mobilisiert werden konnten.

---

203 Zit. nach Levine/ Roberts (1994a), S. 244.

204 Zum Folgenden vgl. Vowles u.a. (1995), Table 10.6, S. 181.

205 Die Stimmendifferenz zwischen 1992 und 1993 betrug in absoluten Zahlen 1.661 - oder 0,16%. Vgl. McRobie (1994), Table 1, S. 106.

Tab. 7: Ergebnisse der Referenden von 1992 und 1993

	September 1992		November 1993	
	Votes	%	Votes	%
For the first-past-the-post-system	186.027	15,3	884.961	46,1
For change in 1992; for mixed member proportional in 1993	1.031.257	84,7	1.032.919	53,9
Total	1.217.284	100,0	1.917.883	100,0
Turnout	55,2%		85,2%	

Quelle: Levine/ Roberts (1994b), S. 245.

Dies ist jedoch nur eine Seite der Realität. Eine Befragung der Bürger nach ihrem Wahlverhalten 1992 und 1993 belegt, daß zwar viele, die am Referendum von 1992 teilnahmen, im darauffolgenden Jahr das gleiche Abstimmungsverhalten zeigten; nur 7% der Wähler, die 1992 für FPP votiert hatten, sprachen sich 1993 für MMP aus. Aber ein Viertel der MMP-Sypathisanten von 1992 entschied sich im nächsten Referendum für die Beibehaltung des Majoritätsmodus.[206] Dies heißt, daß die *Campaign for Better Government* nicht nur Anhänger des Status quo zur Stimmabgabe motivieren, sondern auch einen signifikanten Meinungsumschwung bei Reformbefürwortern herbeiführen konnte. Ein feiner untergliederter Zeitvergleich (Abb. 5) führt zu dem gleichen Ergebnis: In den Monaten Juni bis Dezember 1992 - also unmittelbar vor bzw. nach dem ersten Referendum - lagen die Zustimmungswerte für ein Proporzsystem bzw. für MMP bei durchschnittlich über 65%. Nach dem Start des Anti-MMP-Feldzugs der *Campaign for Better Government* - im Zeitraum von Mai bis Oktober 1993 - sank die durchschnittliche Unterstützung auf knapp über 50%.

206 Vgl. Levine/ Roberts (1994b), Table 6, S. 249.

Abb. 5: Unterstützung für PR/ MMP bzw. FPP von Jun '92 - Nov '93

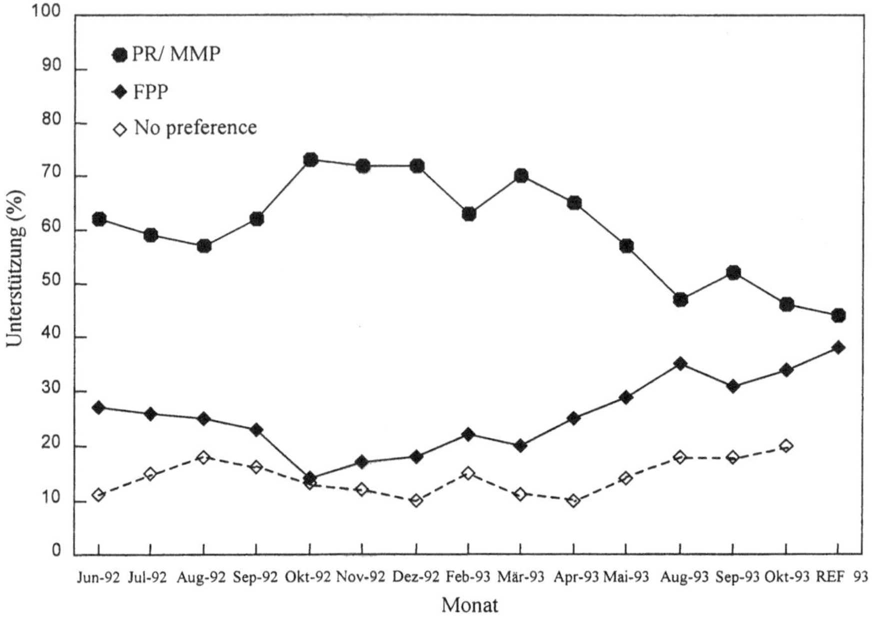

Quelle: Heylen Research Centre (1993)

Offenbar ist es den Gegnern einer Reform gelungen, das Image von MMP als Garant für eine verantwortliche Exekutive in Zweifel zu ziehen. Viele Bürger, die ihr Wahlverhalten zugunsten von FPP korrigierten, haben sich hier wohl vom Schlagwort der Regierungsstabilität leiten lassen. 1992 stimmten über 90% von denjenigen, die die Ergebnisse der *National*-Regierung als 'unzufriedenstellend' oder 'sehr schlecht' beurteilten, für ein neues Wahlsystem.[207] 1993 votierten nur jeweils 73,3% bzw. 78,1% der Unzufriedenen für die Einführung von MMP.[208] Dagegen unterstützen 1992 37,7% der Wähler, die die Regierungsleistung als 'sehr gut' einstuften, die Beibehaltung des Majoritätsmodus. 1993 votierten 80,8% der sehr Zufriedenen für den Status quo. Die genannten Zahlen deuten darauf hin, daß MMP in zunehmendem Maße nicht mehr als Ausweg aus der politischen Krise wahrgenommen wurde. Dieser Punkt muß besonders hervorgehoben werden, weil er die aktuellen Besorgnisse in der Bevölkerung über die

207 Zu 1992 vgl. Levine/ Roberts (1993), Table 4, S. 165.
208 Zu 1993 vgl. Levine/ Roberts (1994b), Table 6, S. 243.

Wirkungsweise des neuen Wahlsystems in einen größeren zeitlichen Zusammenhang stellt.

Geographische Diskrepanzen

Eine geographische Feinanalyse zeigt, daß die Option für einen Wandel auf der Nordinsel und in den Maori-Wahlkreisen, sehr viel mehr Zuspruch fand als im Süden.[209] Alle vier Maori-Wahlkreise verzeichneten deutliche Mehrheiten für MMP, der Stimmenanteil lag hier bei 65,8%. Auf der Südinsel fand das neue Wahlsystem mit 50,1% der Stimmen nur eine knappe Mehrheit. Der Norden votierte mit 54,7% deutlicher für einen Proporzmodus und lag damit leicht über dem nationalen Durchschnittergebnis. Bezogen auf die Einheit der Wahlkreise wünschten 82,9% der Nord-Distrikte, 48% der südlichen und 100% der Maori-Wahlkreise eine Abkehr vom Status quo.[210]

Die Gründe für diese signifikanten geographisch-demographischen Unterschiede sind vielfältig und lenken den Blick wieder zurück auf die Argumente der Referendumskampagne. Für die Maori bedeutete die Einführung von MMP eine Dynamisierung ihrer Sitzzahl - je nachdem, wie viele der Ureinwohner sich für eine Registrierung auf der Maori-Wahlliste entscheiden. Nach anfänglichen Befürchtungen über den Fortbestand ihrer Präsenz im Parlament sahen offenbar doch viele Maori die neue Regelung als Chance zu einer größeren Berücksichtigung ihrer Interessen.
Die Perzeptionen der Wähler im Süden wurden durch die Referendumskampagne der CBG maßgeblich beeinflußt: Sie befürchteten eine Schieflage in der Repräsentation von Nord- und Südinsel und handelten demgemäß in ihrem eigenen Interesse, wenn sie zu 49,9% für den Status quo votierten.

Das Nord-Süd-Gefälle wurde von einer ähnlichen Teilung zwischen Stadt und Land überlagert.[211] Kaum ein signifikanter Unterschied läßt sich zwischen 'Groß'- und 'Provinzstädten' feststellen; beide Kategorien wiesen ein hohes Niveau an Unterstützung für eine Wahlreform auf. Je ländlicher jedoch die Wahlkreise einzustufen waren, desto höher konnte die Wahrscheinlichkeit angesetzt werden, daß das Pendel zugunsten von FPP ausschlagen wird. Lagen in den Städten die Zustimmungwerte für MMP bei 56%, so sank die Unterstützung in den 'gemischten' (49,5%) und 'ländlichen' Wahlkreisen (48,5%). Die Diskrepanz zwischen urbanen Zentren und ländlichen Gebieten verweist auf eine zentrale Einflußvariable des Abstimmungsverhaltens, den Faktor der Parteibindung.

---

209 Zum Folgenden vgl. Levine/ Roberts (1994a), Table 6, S. 64.
210 Vgl. McRobie (1994), Figure 1, S. 108.
211 Vgl. McRobie (1994), S. 112 f.

Die Bedeutung der Parteipräferenz

Trotz der Tatsache, daß weder *National* noch *Labour* eine klare Position zur Referendumsfrage einnahmen und sich darüber hinaus einzelne Politiker aus beiden großen Parteien für den Majoritätsmodus aussprachen, manifestierten sich im Abstimmungsverhalten klare Unterschiede zwischen den politischen Lagern.[212] 79,6% der *National-* Wähler votierten für eine Beibehaltung des Mehrheitswahlrechts, dagegen plädierten 62,7% der *Labour*-Wähler für einen Wandel. Bei den Anhängern der Drittparteien gab es den größten Konsens: Mit Werten von 89,1% bei den *Alliance-* und 79% bei den *New Zealand First*-Wählern erreichte hier die Unterstützung für MMP das Ausmaß der Reformbegeisterung im Referendum von 1992. Dieses Ergebnis reflektiert gleichzeitig die eindeutig gegen den Status quo gerichtete Position der kleinen Parteien, die ja bisher von den Effekten des *First-Past-the-Post* am meisten betroffen gewesen waren.

Betrachtet man den Zusammenhang zwischen Parteienbindung und Referendumsvotum im Zeitvergleich, so sind zwar gewisse Konstanten auszumachen. Von einer simplen Wiederholung des Abstimmungsverhaltens zu sprechen[213], ist durch die Zahlen jedoch nicht gerechtfertigt. Wie oben angeführt, stimmten die *Labour*-Wähler 1993 im Verhältnis von beinahe 2:1 für die Etablierung von MMP. Dagegen zeigt sich nur einer von fünf *National*-Wählern als Reformbefürworter - ein radikaler Einbruch gegenüber 1992, als zwei von drei *National*-Sympathisanten für einen Wechsel des Wahlsystems gestimmt hatten.
Die Wähler ließen sich in ihrem Abstimmungsverhalten also primär von der traditionellen Kategorie der Parteibindung leiten; keineswegs aber bestanden bei den Bürgern schon vor der nationalen Informations- und Werbekampagne die Präferenzen fest. Der stark kompetitive Charakter der Auseinandersetzungen hat wohl erheblich zu der Divergenz in den Verhaltensmustern 1992 und 1993 beigetragen.

Der Prozeß der Wahlreform in Neuseeland zeigt, daß ein radikaler konstitutioneller und politischer Wandel von unten initiiert werden kann. Unterstützend mag hier die überschaubare territoriale Dimension gewirkt haben. Der Faktor des *Dealignment* bildete eine notwendige, aber keine hinreichende Bedingung für den Reformprozeß. Die Beschädigung der politischen Kultur durch die Elite ist als letztlich ausschlaggebende Prämisse zu nennen. Die reale Chance eines Wandels wurde von den politischen und wirtschaftlichen Entscheidungsträgern zu spät erkannt, erst in der zweiten Referendumsphase wurden Ressourcen zur Verteidigung des Status quo mobilisiert. Die Bevölkerung betrachtete in ihrer Mehr-

---

212 Vgl. Levine/ Roberts (1994b), Table 6, S. 249.
213 Vgl. McRobie (1994), S. 123 f.

heit die Reform des Wahlsystems als institutionelles Instrument, die Legitimitätslücke zwischen Bürgern und Elite wieder zu schließen. Darüber hinaus sollte das Zusammenspiel der Akteure in der parlamentarischen Arena auf eine neue Basis gestellt werden. Trotz des revolutionären Charakters dieser Ereignisse muß betont werden, daß die Entscheidung zu einem Verfahrenswechsel nur auf einer knappen Abstimmungsmehrheit beruhte und einige Elemente des neuen Systems - wie die Größe des Parlaments - nach wie vor kontrovers blieben.

5 Die bevorstehende Einführung von MMP als Motor einer dynamischen Entwicklung - zur Transitionsphase 1993 bis 1996

Die Wahl von 1993 reduzierte die Mehrheit von *National* auf ein Mandat. *Labour* konnte dagegen seinen Anteil um die Hälfte erhöhen, und auch zwei erstmals angetretene kleinere Gruppierungen erhielten je zwei Sitze: *Alliance* - ein Mitte-Links- Bündnis von *Democrats*, *Greens*, *Liberals*, *Mana Motuhake* und *NewLabour* - sowie *New Zealand First*, eine populistisch-nationalistische Partei, geführt von dem früheren *National*-Minister Winston Peters. Unter den Bedingungen von FPP - hier sei auf die Wahlergebnisse von 1957 und 1981 verwiesen - hätte die knappe Mehrheit wahrscheinlich eine stabile Regierung für drei Jahre ermöglicht. Aber die bevorstehende Einführung von MMP veränderte die politische Dynamik und zeigte Auswirkungen auf den Parteienwettbewerb, das Parlaments und die Exekutive.

5.1 Die Entstehung neuer Parteien

5.1.1 Kartellparteien

Während der Regierungsphase zwischen 1993 und 1996 wechselten 13 Abgeordnete des neuseeländischen Parlaments ihre Parteizugehörigkeit: *National* verlor neun MPs, *Labour* vier. Unterschiedliche Push- wie Pull-Faktoren sind für diesen Aderlaß auszumachen. Erstens zog der Wechsel vom reinen Mehrheitswahlrecht in Einerwahlkreisen zu MMP eine Reduzierung der Direktmandate von 99 auf 65 nach sich; es war also unvermeidlich, daß einige Abgeordnete aus den großen Parteien nach Ende der Legislaturperiode ihr Mandat abgeben mußten. Zweitens war zu erwarten, daß die Parteizentralen neue Talente für ihre Kandidatenlisten rekrutieren würden. Drittens wirkte die Aussicht auf realen Erfolg bei den nächsten Wahlen auch außerhalb der beiden großen Parteien als positiver Anreiz, nach einer Alternative zu suchen.

Ross Meurant, damals parlamentarischer Staatssekretär, war einer der unabhängigsten und streitbarsten Abgeordenten in der *National*-Fraktion.[214] Sein Wahlkreis Hobson im Norden Aucklands gehörte zu denjenigen, die im Zuge der neuen Wahlkreiseinteilung aufgehoben werden sollten. Ein hochrangiger Listenplatz war für ihn nicht zu erwarten. Mit der Bildung der *Right-of-Centre Party* (ROC) im September 1994 hoffte Meurant seine Position zu verbessern; die neugegrün-

214 Zum Folgenden vgl. Rainbow/ Sheppard (1997), S. 181.

dete Partei sollte als Koalitionspartner einer *National*-Regierung fungieren. Ende 1995 wurde die Partei - der sich noch ein weiterer *National*-MP anschloß - in *Conservative Party* umbenannt. Graeme Lee - ebenfalls aus der *National*-Fraktion und nach den Wahlen von 1993 nicht mehr ins Kabinett berufen - rief eine konservativ-wertorientierte Partei, die *Christian Democrats*, ins Leben, die sich im März 1996 mit *Christian Heritage* zur *Christian Coalition* zusammenschloß.[215] Im Juni 1995 suggerierte der Aufmacher einer Zeitung, daß einige Abgeordnete der beiden großen Parteien Verhandlungen führen, um eine neue, zentrumsorientierte Partei zu gründen; dies beförderte die frühzeitige Formierung der *United Party*, die zu diesem Zeitpunkt faktisch über wenig mehr als ein Logo verfügte - sie hatte weder ein politsches Programm noch eine Organisation.[216] *United* brachte zwei Abgeordnete der *Labour*-Fraktion, vier aus den Reihen von *National* und Peter Dunne zusammen, der sein von ihm gegründetes Netzwerk *Future New Zealand* innerhalb der neuen Struktur aufrechterhielt. Die liberale und marktorientierte Bewegung *United*, die sich selbst in der Mitte des politischen Spektrums etablieren wollte, wurde mit einem Schlag zur drittgrößten Partei im Parlament seit dem Zweiten Weltkrieg. Für den Wähler war es offensichtlich, daß die Motivationen für ihre Gründung primär opportunistischer und taktischer Natur waren. *United* trat schnell in Verhandlungen mit der Regierungspartei ein - als Ergebnis wurde eine formelle Koalition geschlossen, eines der Mitglieder erhielt einen Kabinettsposten.

Die während der Transitionsperiode 1993 bis 1996 entstandenen Parteien sind alleinige Kreationen des Parlaments. Ihre wichtigsten Ressourcen bestanden nicht aus einer breiten Organisationsstruktur oder aktiver Mitgliedschaft, sondern wichtig für das Überleben der Partei waren effizientes Management und Verhandlungsfähigkeit ihrer Führer. Damit entsprechen die kleinen Parteien der Übergangsphase dem Typus der von Katz und Mair beschriebenen 'Kartell-Partei'.[217] Oberstes Ziel ist es hier nicht, eine spezifische Ideologie zu entwickeln oder einen Wahlkreis mit Serviceleistungen zu bedienen. Kartellparteien folgen einer selbstreferentiellen Logik; Politik wird als Profession begriffen, nicht primär als Motor sozialen Wandels. Die Gründer von *United* betrachteten ihre politischen Opponenten als Berufskollegen, die - ebenso wie sie - an Machterhalt und -beteiligung interessiert sind. Damit unterscheidet sich das Demokratiemo-

---

215 Vgl. Rainbow/ Sheppard (1997), S. 179 f.

216 Vgl. ebd., S. 182.

217 Im Folgenden werden nur einige wenige Aspekte des Konzepts 'Kartellpartei' angesprochen, die sich in vielfältiger Hinsicht von den Modellen der Honoratioren-, der Massen- und der *Catch-all*-Partei unterscheidet. Als weitere Differenzkriterien wären Struktur und Basis des Parteienwettbewerbs, die finanziellen Ressourcen der Partei, das interne Organisationsgefüge und die Position der Partei in Gesellschaft und Staat zu untersuchen. Vgl. Katz/ Mair (1995).

dell der Kartellpartei fundamental von vorhergehenden Konzepten, wo die Alternation der Regierung im Mittelpunkt stand.

5.1.2 Außerparlamentarische Parteien

Neben der Neubildung innerparlamentarischer Gruppierungen erweiterte sich in der Postreferendumsphase auch das Spektrum außerparlamentarischer Kräfte. Hier ist zum einen die *Association of Consumers and Taxpayers* (ACT) zu nennen, eine Gründung des ehemaligen Finanzministers der Vierten Labour Regierung, Roger Douglas.[218] Deren Hauptorganisatoren hatten sich zuvor in der Anti-MMP-Bewegung, insbesondere der *Campaign for Better Government*, engagiert. Ziel der Partei war es, Nationals nach wie vor radikal marktliberale Wirtschafts- und Sozialpolitik zu stützen. Douglas selbst befürwortete ein breites Spektrum von Reformen, u.a. die völlige Abschaffung der persönlichen Einkommenssteuer, eine individuelle Rentenvorsorge und die Einführung eines Gutscheinsystems im Gesundheits- und Bildungsbereich. Die Gründungskonferenz fand im November 1994 statt; trotz einer intensiven Anzeigen- und Werbekampagne schnitt ACT in Meinungsumfragen schlecht ab. Einige der radikalsten Vorschläge wurden daraufhin modifiziert.[219] Dennoch war vor dem Hintergrund der einschneidenden Reformmaßnahmen zwischen 1984 und 1993 der öffentliche Widerstand gegen eine dezidiert marktliberale Agenda so groß, daß die Anziehungskraft von ACT beschränkt bleiben mußte. Anzumerken ist aber, daß es außer *United* nur noch ACT gelang, die Hürde von 5% bei den Parlamentswahlen von 1996 zu überspringen.

Als kapitalverträgliche Variante der in der *Alliance* aufgegangenen *Greens* formierten sich im Jahr 1995 die *Progressive Greens*.[220] Im Hinblick auf eine eventuelle Regierungsbeteiligung nach den ersten MMP-Wahlen pflichteten sie einer wirtschaftlichen Deregulierung und einer sparsamen Haushaltspolitik bei. Der Plan, sich als potentiellen Koalitionspartner für eine der beiden großen Parteien anzubieten und gleichzeitig dafür substantielle Zugeständnisse in der Umweltpolitik einzufordern, ging - wie die Wahlergebnisse von 1996 gezeigt haben - nicht auf. Wie unten noch zu erläutern sein wird, verhinderte offenbar die Dominanz des sozioökonomischen Faktors in Neuseeland die Auffächerung des Parteiensystems entlang mehrerer Konfliktdimensionen.

---

218 Vgl. Rainbow/ Sheppard (1997), S. 178 f.

219 So ließ man die Forderung nach einer Streichung der Einkommenssteuer zugunsten eines niedrigen Pauschalsatzes von 19,5% fallen. Vgl. ebd., S. 179.

220 Vgl. ebd., S. 180 f.

5.2 Anpassungsstrategien der großen Parteien

In der Übergangsphase zu MMP sahen sich *Labour* und *National* vor die Herausforderung gestellt, ihre Programmatik an die Bedingungen eines künftigen Mehrparteiensystems anzupassen.[221] Ziel der beiden großen Parteien mußte es sein, ein möglichst breites Wählerspektrum anzusprechen, um das Stimmenpotential der anwachsenden Zahl von kleinen Akteuren zu drosseln.

5.2.1 *Public Choice*-Theorie als systematischer Horizont

Als theoretischer Horizont zur Beantwortung der Frage, welche Strategien die beiden Akteure in Vorbereitung auf die Bedingungen eines Verhältniswahlsystems verfolgten, dient der von Patrick Dunleavy fortgeführte und erweiterte *Public Choice*- Ansatz.[222] Nach Dunleavy können Parteien - idealtypisch vorgestellt - zwei alternative Strategien verfolgen: die des *preference shaping* und die des *preference accomodating*. Anthony Downs hat eine prägnante Definition zum Muster des *preference accomodating* vorgelegt:

> "[...] parties formulate policies in order to win elections, rather than win elections in order to formulate policies."[223]

In der klassischen *Public Choice*-Theorie bedienen Parteien die Interessen der Wähler, um die Regierungsmacht zu erhalten bzw. sie zu erlangen. Dunleavy weist darauf hin, daß Parteien darüber hinaus die Möglichkeit haben, die Einstellungen und Präferenzen der Wähler zu manipulieren - er beschreibt damit die Interaktionen zwischen Parteien und Wählern im Rahmen eines doppelpoligen Modells.[224] Der politischen Elite sind die Präferenzen der Bevölkerung unter anderem durch Meinungsumfragen bekannt. Ein Akteur greift also bewußt zu einer der beiden Handlungsstrategien, wobei seine Entscheidung auch vom zugrundeliegenden institutionellen und konstitutionellen Arrangement abhängt.

Preference shaping ist mit größerer Wahrscheinlichkeit in zentralisierten Westminster-Staaten mit starker Regierung, schwacher konstitutioneller Limitierung und Mehrheitswahlsystem zu finden, *preference accomodating* dagegen eher in föderativen, gewaltenteiligen Systemen mit Verhältniswahlrecht.[225] Bis zur Einführung von MMP gaben die konstitutionellen Variablen in Neuseeland also

---

221 Die oben beschriebenen Kartellparteien bleiben hier unberücksichtigt, da sie noch kaum über ein geschärftes programmatisches Profil verfügten. Die außerparlamentarische Partei ACT formierte sich erst 1994; die Literaturbasis ist hier zu dünn, als daß fundierte Aussagen getroffen werden könnten.

222 Vgl. Dunleavy (1991).

223 Downs (1957), S. 28.

224 Vgl. Dunleavy (1991), S. 117 ff.

225 Vgl. Dunleavy (1991), S. 136 ff.

Anreize zur Manipulation der Wählerinteressen. Wie oben ausgeführt[226], wurde von den großen Parteien bis 1984 dennoch die *preference accomodating*-Strategie favorisiert. Ab 1984 wurde Neuseeland dagegen von Parteien regiert, die in vielen Bereichen eine Politik gegen den Wählerwillen verfolgten.[227] Die Frage ist nun, ob die Wahl von 1993 - verbunden mit der Aussicht auf ein in Kürze proportional zusammengesetztes Parlament - die etablierten Parteien veranlaßte, auf die Präferenzen der Wähler durch eine entsprechende Ausrichtung der inhaltlichen Prioritäten zu antworten.

5.2.2 Grenzen für eine Neuorientierung

Für eine Regierungspartei gibt es nach Dunleavy vier mögliche Varianten des *preference shaping*:[228]

1. Die Gesellschaftsstruktur und damit das sozial oder geographisch zu identifizierende Wählermuster kann entsprechend den Zielen der Regierung geändert werden (*Partisan social engineering*).
2. Staatliche Interventionen können die relative und ökonomische Position einer Wählergruppe verändern (*Adjusting social relativities*).
3. Der politische Kontext kann zur Maximierung des Parteivorteils gestaltet werden (*Context management*).
4. Die institutionellen Spielregeln können geändert werden (*Institutional manipulation*).

Die Neupositionierung *der National Party* nach 1993 ist vor dem Hintergrund ihrer vorhergehenden Amtszeit zu sehen und soll zunächst auf dem Feld der Wirtschafts- und Sozialpolitik untersucht werden.
Nach der Regierungsübernahme im Jahr 1990 hatte sie das Wettbewerbsprinzip des Marktes auch auf den Bereich des Gesundheitswesens und der Bildung in radikaler Form ausgedehnt.[229] So wurden die Studiengebühren deutlich erhöht und die Universitäten mußten um Zuschüsse aus einem fixen Staatsbudget konkurrieren. Die Organisation des Gesundheitswesens hatte einen dramatischen Wandel durchlaufen: Die Finanzierung von Gesundheitsleistungen (durch *Regional Health Authorities*) war nun getrennt von den Leistungsanbietern (*Crown Health Enterprises* und private Anbieter). Ferner war das Verursacherprinzip eingeführt worden: Die Kosten für einen Unfall, der nicht unmittelbar mit dem Beruf zusammenhängt, wurden vom Arbeitgeber auf die Arbeitnehmer übertra-

226 Vgl. S. 31 ff.
227 Vgl. S. 37 ff.
228 Vgl. Dunleavy (1991), S. 119-125.
229 Dalziel/ Lattimore (1996), S. 90 f.

gen. Zuzahlungen der Patienten für Krankenhausaufenthalte, Arztbehandlungen und Medikamente wurden angehoben. Mit der Begünstigung von Arbeitgebern und privaten Unternehmern hatte *National* zwischen 1990 und 1993 eine Form des kapitalfreundlichen *Partisan social engineering betrieben.* Die relative Position der Arbeitnehmer sowie einkommensschwacher Personen verschlechterte sich, je attraktiver der privatwirtschaftlich organisierte Sektor gestaltet wurde - damit manipulierte die Regierung die Position der Wählergruppen zu ihrem Gunsten.

Die Phase zwischen 1993 und 1996 war gekennzeichnet von einer Konsolidierung der ökonomischen Reform. *National* bemühte sich nun, die Kritik am Umbau des Sozialstaates in einigen Punkten zu berücksichtigen. Die erste Konzession an die Wähler bestand in der Ablösung Ruth Richardsons als Finanzministerin, die für viele Bürger zum Inbegriff für die Abkehr vom Wohlfahrtsprinzip geworden war.[230] Darüber hinaus nahm die Regierung von lange geplanten Privatisierungsprojekten Abstand und dämpfte - nach Protesten aus der Bevölkerung - einige Elemente der Gesundheitsreform ab; so stockte sie die Gelder auf, um beispielsweise die Versorgung geistig Behinderter zu verbessern oder die Wartezeiten auf einen Krankenhausplatz zu verkürzen.[231] Die Adaption eines moderateren Stils - auch in der Imagegestaltung der Partei[232] - darf jedoch nicht darüber hinwegtäuschen, daß *National* am prinzipiellen Kurs der wirtschaftlichen Deregulierung festhielt, wie es auch im Wahlmanifest von 1993 angekündigt war:

> "We have emerged from a period of protectionism and restrictions into a period of openness and vigorous competition. We run one of the most open economies in the world. [...] To change direction now would destroy the recovery."[233]

Trotz einzelner Zugeständnisse entsprach die Hauptlinie der Regierungspolitik nicht den Präferenzen der Wähler, welche mit überwältigender Mehrheit ein hohes Niveau an wohlfahrtsstaatlichen Leistungen befürwortete. In einer landesweiten Umfrage von 1993 sprachen sich 75,8% für ein kostenloses Gesundheitssystem und 71,7% für ein staatlich finanziertes Bildungssystem aus.[234]

---

230 Ruth Richardson hatte nach ihrem Amtsantritt viele staatliche Transferleistungen um bis zu 25% gekürzt. Private Hilfsorganisationen sprangen ein, um akute Versorgungsmängel von Leistungsempfängern - z. B. mit Lebensmitteln - zu decken. Vgl. Dalziel/ Lattimore (1996), S. 57. In der landesweiten Befragung von 1993 brachten 55,8% ihre Antipathie gegenüber Richardson zum Ausdruck; vgl. NZES 1993.

231 Vgl. Miller (1997a), S. 41.

232 So versprach Premierminister Bolger zum Regierungsantritt 1993 "an inclusive, consultative and constructive style of government". (Zit nach Miller (1997a), S. 41.)

233 *New Zealand National Party*, Wahlmanifest 1993, hier S. 241 f.

234 Vgl. NZES 1993.

Auf dem Feld der Innenpolitik lassen sich starke Tendenzen zu einer Strategie des *preference shaping* nachweisen. Wie oben erwähnt, war wegen der Umstellung auf MMP eine Neuregistrierung der Maori-Wähler notwendig geworden. Da auf der Basis der Listeneintragungen die Anzahl der Maori-Sitze nur um einen stieg, beschloß die nationale Vertretung der Ureinwohner, der *New Zealand Maori Council*, gegen die Regierung zu klagen.[235] Der Vorwurf: Die Vorbereitungs- und Informationskampagne zwischen dem zweiten Referendum und dem Beginn der Maori-Registrierung am 15. Februar 1994 hätte länger sein müssen. Die zuständigen Gerichte entschieden sich - auch in zweiter Instanz - gegen eine erneute Durchführung der Maori-Registrierung; gleichzeitig wies die Justiz jedoch darauf hin, daß der im *Treaty of Waitangi* festgeschriebene Schutz der Maori durch die Regierung nicht nur im Sinne einer engen gesetzlichen Verpflichtung auszulegen sei. Deswegen müßten bei der nächsten Maori-Registrierung alle Anstrengungen unternommen werden, um eine Benachteiligung der Ureinwohner auszuschließen. Die *National Party* hatte in der Geschichte Neuseelands noch nie einen Maori-Sitz errungen; es ist also davon auszugehen, daß die den Parteienwettbewerb strukturierenden Spielregeln indirekt zu ihrem Vorteil beeinflußt werden sollten.

Der politische Kontext eines Staates wird vor allem durch die Außenpolitik geprägt; in diesem Bereich folgte *National* - wie auch schon in der Regierungsperiode zwischen 1990 und 1993 - dem allgemeinen Wählertrend: 72% der Bürger lehnten nuklearbewaffnete Schiffe in neuseeländischem Hoheitsgewässer ab.[236] Entsprechend richtete die Regierung ihre Haltung in internationalen Streitfällen aus: Im Juli 1995 schickte sie ein Forschungsboot ins Mururoa-Atoll, um im Rahmen einer multinationalen Friedensflotte gegen die französischen Atomtests zu protestieren. Im August 1995 entschloß sie sich, das französische Vorgehen im Südpazifik vor dem Internationalen Gerichtshof anzufechten.

Ein Blick auf die Amtszeit der *National*-Regierung von 1993-96 zeigt eine Mixtur von unterschiedlichen Verhaltensmustern. Einem Konsens zwischen Elite und Bevölkerung in Fragen der Außenpolitik steht die institutionelle Manipulation in bezug auf die Maori-Registrierung gegenüber. In dem auch für die Wähler zentralen Bereich der Wirtschafts- und Sozialpolitik ist deutlich das Bemühen erkennbar, extreme Ausformungen des Marktliberalismus abzuschleifen. Ein totaler Richtungswechsel war von der Parteiführung jedoch weder gewollt, noch wäre er aus Gründen der Glaubwürdigkeit möglich gewesen. Denn gerade vor dem Hintergrund wiederholter Verstöße gegen zuvor gegebene Wahlkampfversprechen waren die beiden großen Parteien zu programmatischer Konsistenz

235 Zu den Klagen des *New Zealand Maori Councils* gegen die Regierung vgl. Levine (1996).
236 Vgl. NZES 1993.

verpflichtet; flexible Strategien des *preference accomodating* konnten also nur ungenügend realisiert werden.

Labour bereitete auf innerparteilichen Druck hin seit 1992 eine inhaltliche Neupositionierung vor. Die Partei versuchte sich als Repräsentantin einer modernen Sozialdemokratie darzustellen, die soziale Gerechtigkeit zwar als Kernprinzip ihrer Programmatik definiert, aber gleichzeitig eine Begrenzung der öffentlichen Ausgaben für notwendig erachtet.[237] Im Wahlkampf von 1996 konzentrierte sich die Partei ganz auf die vermeintlichen Schwachstellen von *National* - wie in der Kampagne von 1993 wurde der Schwerpunkt auf die Gesundheits- und Bildungspolitik gelegt.[238] Die Herausfordererin von Premier Bolger, Helen Clark[239], positionierte ihre Partei im Mitte- Links-Spektrum und versuchte dadurch das aggressiv-marktliberale Image abzustreifen. *Labour* bewegte sich in Richtung einer Strategie des *preference accomodating*, gleichzeitig wurden jedoch bei dem Versuch, sich in der politischen Ausrichtung an der Mehrheitsmeinung der Bevölkerung zu orientieren, Grenzen sichtbar. Die eigene marktradikale Vergangenheit ließ die Option einer umfassenden Kurskorrektur nicht zu.

Die großen Parteien konnten also - trotz ihres personellen und organisatorischen Potentials - nur begrenzt zentripetale Kräfte entwickeln. Der Zwang zur programmatischen Konsistenz machte eine optimale Vorbereitung auf die Struktur des Parteienwettbewerbs unter MMP unmöglich.

5.3 Wechselnde Regierungsformationen

5.3.1 Regierungstypen in internationaler Perspektive

Eine Möglichkeit, Regierungen zu kategorisieren, orientiert sich daran, ob sie eine Mehrheit oder Minderheit der Sitze im Parlament halten und ob sie eine oder mehrere Parteien umfassen. Auf der Basis dieser Unterscheidung sind vier Regierungstypen möglich:

- Mehrheitsregierung einer Partei
- Mehrheitsregierung einer Koalition
- Minderheitsregierung einer Partei
- Minderheitsregierung einer Koalition.

---

237 Vgl. James/ McRobie (1993), S. 78 f.

238 Vgl. Boston u.a. (1997), S. 5. Eine ausführliche Erörterung der Wahlkampagne von 1996 und der unterschiedlichen Parteistrategien liegt bisher noch nicht vor.

239 Clark hatte Mike Moore am 1. Dezember 1993 abgelöst; die Parlamentsfraktion wählte sie mit 26 von 45 Stimmen zur neuen Vorsitzenden der *Labour Party*.

In vielen parlamentarischen Regierungssystemen sind Minderheitsregierungen eher die Norm als die Ausnahme. Dies gilt nicht nur für europäische Staaten mit Verhältniswahlrecht - hier ragen vor allem die skandinavischen Staaten sowie Irland, Italien und Spanien hervor -, sondern beispielsweise auch für Kanada, wo der prozentuale Anteil von Minoritätskabinetten zwischen 1945 und 1987 bei 47% lag.[240] Darüber hinaus tendieren parlamentarische Demokratien zur Bildung von Koalitionsregierungen; die Mehrheitsregierung einer Partei erscheint in der Statistik als extrem seltener Fall.[241] Neuseeland stellte bisher in beiden Beziehungen eine Ausnahme dar; wie eingangs ausgeführt[242], entschlossen sich die politischen Akteure nur in äußersten Krisenzeiten zur Formierung einer Koalition. Aufgrund von Wahlrecht und Parteiensystem konnten die Regierungen zudem in der Phase von 1935 bis 1993 immer auf eine absolute Mandatsmehrheit zurückgreifen; verfolgt man die Wahlergebnisse zurück bis 1890, so zählt man nur drei Minoritätskabinette.[243] Das Jahr 1993 setzte hier eine klare Zäsur: In dem kurzen Zeitraum bis zur Einführung von MMP wurden in Neuseeland alle der oben aufgeführten Regierungskategorien durchgespielt.

5.3.2 Politischer und institutioneller Kontext für eine Koalitionsbildung

Wie oben beschrieben[244], verließen im Verlauf der Legislaturperiode 1993-96 13 Abgeordnete die zwei großen Parteien, um eine neue zu gründen oder sich einem der kleineren Akteure anzuschließen. Aufgrund der knappen Mehrheitsverhältnisse nahmen die kleinen Parteien keine Randstellung ein, sondern waren für einen reibungslosen legislativen Prozeß von zentraler Bedeutung. Zudem wurde ihre Position durch die bevorstehende Einführung von MMP gestärkt, denn für die großen Parteien galt es schon jetzt, sich nach künftigen Koalitionspartnern umzusehen.

Das Verhandlungsumfeld für die regierende *National Party* war durch folgende Faktoren abgesteckt.[245] Erstens waren alle der neu entstandenen parlamentarischen Parteien entlang einer einzigen Dimension entstanden, nämlich entlang des traditionellen Rechts-Links-Kontinuums. Mit Ausnahme der *Christian Democrats* spielten andere potentielle Konfliktdimensionen wie die ethnische oder regionale keine nennenswerte Rolle. Konzessionen oder Blockaden bei Gesprächen

---

240 Vgl. Strom (1990), Table 3.1, S. 58.

241 Als Analysebasis dienten zwölf westeuropäische Regierungssysteme. Der Anteil von Koalitionskabinetten lag bei 61%, der von Minderheitsregierungen bei 33%; nur in durchschnittlich 6% aller Fälle konnte eine Partei die Regierung stellen.
Vgl. Laver/ Schofield (1990), Table 4.2, S. 70.

242 Vgl. Kap. 2.2.1 "Elemente des Majoritätsmodells".

243 Vgl. Levine (1979), S. 191 ff.

244 Vgl. Kap. 5.1 "Die Entstehung neuer Parteien".

245 Zum Folgenden vgl. Boston (1996), S. 2 f.

zwischen den Parteien waren also nur bei wirtschaftlichen Themen zu erwarten. Zweitens ließen sich bei den neuen Akteuren kaum unterscheidbare Programmatiken feststellen. Sie alle versuchten das Mitte- oder Mitte-Rechts-Spektrum zu besetzen. Die Auffächerung des Parteiensystems bedeutete also keine ideologische Polarisierung des Parlaments. Die Voraussetzungen für eine schnelle inhaltliche Einigung waren somit gegeben. Drittens zeigte sich bei keiner der parlamentarischen Akteure Unterstützung für eine vorzeitige Abhaltung von Wahlen. Schlechte Umfrageergebnisse vor allem bei den jungen Kartellparteien trugen unzweifelhaft dazu bei und schufen den Anreiz, eine von *National* geführte Regierung zu unterstützen. Mit Blick auf Wählersympathien brachte die Mitwirkung an der Regierung die Chance mit sich, Kompetenz und Ernsthafigkeit einer Parteineugründung unter Beweis zu stellen.

Das konstitutionelle Arrangement Neuseelands legt der Regierungsbildung minimale Beschränkungen auf; eine große Bandbreite an formellen und informellen Koalitions- optionen ist damit verfügbar. So muß sich eine neue Regierung vor der Amtsübernahme nicht einer Vertrauensfrage im Parlaments stellen; Bergman nennt dies "negative parliamentarism"[246]. Ferner gibt es kein konstruktives Mißtrauensvotum wie in Deutschland und Spanien oder etwa Regeln zur Größe und Zusammensetzung des Parlaments wie in Belgien. Vor dem Hintergrund fehlender institutioneller Restriktionen können als Schlüsseldeterminanten der Regierungsbildung allein politische Faktoren genannt werden: die relative Stärke der parlamentarischen Parteien, strategische Erwägungen der Akteure sowie das Moment der Persönlichkeit.

5.3.3 Die Regierungsformationen im Überblick

Im kurzen Zeitraum bis zur Einführung von MMP gab es in Neuseeland sechs verschiedene Regierungsformationen. Wie an Tabelle 8 ablesbar, regierte die *National Party* allein oder mit wechselnden Partnern:

246 Bergman (1993), S. 287. Auf Grundlage einer empirischen Analyse der skandinavischen Staaten identifiziert er die Folgen dieser schwachen Form des Parlamentarismus: häufige Minderheitsregierungen, Regierungen mit einem relativ niedrigen Prozentsatz der Mandate (40% oder weniger), schnelle Regierungsbildung. Vgl. ebd., Tables 1und 2, S. 288 f.

Tab. 8: Regierungsformationen 1993 bis 1996

Minderheitsregierung	Mehrheitsregierung
	National (50 MPs) 29. November 1993-11. September 1994 Unterstützung durch: - Opposition: Labour & NZ First (47 MPs) Unklare Position: Alliance* (2MPs)
	National und Right-of-Centre (50 MPs) 11. September 1994-9. Mai 1995 Unterstützung durch: Future NZ (ab 16. November 1994) (1MP) Opposition: Labour & NZ First (47 MPs, ab 12.Oktober 1994 46 MPs) Unklare Position: Alliance (2MPs)
National und Right-of-Centre (49 MPs bis 28. Juni 1995, dann 45) 9. Mai 1995-28. August 1995 Unterstützung durch: Christian Democrats (1MP ab 9.Mai) und United (7MPs ab 28.Juni) Opposition: Labour, NZ First & Alliance (ab 8.Juni) (46 MPs bis 8.Juni, 48 bis 28.Juni, dann 46) Unklare Position: Alliance (bis 8.Juni) (2MPs)	
National (43 MPs) 28. August 1995-28. Februar 1996 Unterstützung durch: United, Right-of-Centre (Conservatives) & Christian Democrats (insgesamt 10 MPs) Opposition: Labour, Alliance, NZ First (46 MPs)	
	National und United (50 MPs) 28. Februar 1996-6. März 1996 Unterstützung durch: Christian Democrates (1 MP) Opposition: Labour, Alliance & NZ First (46 MPs) Unklare Position: Trevor Rogers (Conservatives) & Ross Meurant (unabhängig) (2MPs)

National und United (49 MPs bis 3. April, dann 48 MPs) 6. März 1996-12. Oktober 1996 Unterstützung durch: Christian Democrates (1 MP) Opposition: Labour, Alliance & NZ First (47 MPs bis 3.April, 48 bis 28.April, dann 47)** Unklare Position: Trevor Rogers (Conservatives) & Ross Meurant (unabhängig) (2MPs)	

* Die Unterstützung der Alliance für National in der Periode bis Juni 1995 war hochgradig an Konditionen gebunden. Im März 1994 verkündete der Führer der Alliance, Jim Anderton, daß seine Partei die Regierung nicht notwendigerweise bei einer Vertrauensfrage unterstützen werde.

** Am 29. April 1996 trat der Abgeordnete der NZ First Party, Michael Laws, von seinem Mandat zurück.

Quelle: Boston (1996), S. 4.

5.3.4 Koalitionen

National - Right-of-Centre

Die ein knappes Jahr dauernde Kooperation zwischen *National* und *Right-of-Centre* basierte auf einer kurzen schriftlich fixierten Vereinbarung zwischen dem damaligen Premier Bolger und dem einzigen Repräsentanten von *Right-of-Centre*, Ross Meurant.[247] Meurant konte seinen Staatssekretärposten beibehalten. Er garantierte der Regierung seine Unterstützung bei einer möglichen Vertrauensabstimmung und für den Normalfall in allen anderen inhaltlichen Fragen; darüber hinaus verpflichtete er sich, das Kabinett öffentlich nicht zu kritisieren. Er behielt sich jedoch vor, in außergewöhnlichen Umständen gegen die Regierung votieren zu können - von einer solchen Entscheidung mußte die Regierungsfraktion eine Woche zuvor informiert werden, damit ihr die Möglichkeit gegeben war, noch nach einer zufriedenstellenden Übereinkunft zu suchen. Mit Unterstützung von *Right-of-Centre* und der Abgeordneten Peter Dunne (*Future New Zealand*) sowie Graeme Lee (*Christian Democrats*) konnte sich die *National*-Regierung bis Ende Juni 1995 auf eine knappe Mehrheit stützen. Das Bündnis bedeutete für sie keine hohen Kosten: Meurant wurden weder politische Zugeständnisse gemacht[248], noch bekam er ein Ministeramt zugesprochen.

247 Zum Folgenden vgl. Boston (1996), S. 5 f.

248 Meurant trat als vehementer Kritiker der wirtschaftlichen Deregulierung auf und forderte eine abschließende Behandlung der aus dem *Treaty of Waitangi* resultierenden Ansprüche der Maori

Als sich am 28. Juni 1995 die Partei *United New Zealand* formierte, verlor RoC seine strategische Bedeutung als Garant einer legislativen Mehrheit. Die neue Partei umfaßte sieben MPs, von denen einige aus den Reihen von *National* kamen - der Regierung fehlten nun fünf Abgeordnete zur absoluten Mehrheit. Unter diesem Gesichtspunkt stellte sich *United* wesentlich attraktiver dar als die mittlerweile auf zwei Abgeordnete angewachsene Gruppierung RoC.[249] Im August 1995 endete die erste Koalition der Transitionsphase abrupt. Der Anlaß war nicht politischer Natur, führte aber zur Entlassung Meurants aus seinem Amt und zum Austritt aus der von ihm gegründeten Partei.[250] Damit war die Zusammenarbeit zwischen *National* und RoC faktisch beendet, da letztere in der Exekutive nicht mehr repräsentiert war.

Die kurzzeitige Allianz zwischen *National* und RoC trug kaum Züge einer formellen Koalition. Sie bezog sich allein auf die Kooperation im Abstimmungsverhalten, ein Austausch über Sachthemen fand nicht statt. Zudem wurde RoC am inneren Zirkel der Exekutive, am Kabinett, nicht beteiligt. *Right-of-Centre* rangierte in Meinungsumfragen kaum über statistisch signifikantem Niveau[251] und konnte auch innerhalb des Parlaments - bis auf den Beitritt eines Abgeordneten - keine weitere Anziehungskraft entfalten. Für *National* spielte die Partei nur in der kurzfristigen Strategie der Mehrheitssicherung eine Rolle. Das Bündnis zwischen *National* und RoC soll deswegen hier nicht weiter erörtert werden, es ähnelte immer noch sehr den Mechanismen einer Einparteienregierung. Erste Anzeichen einer Machtteilung zwischen den Akteuren gab es erst mit dem Auftreten der *United New Zealand Party*.

National - United

Wie oben bereits erwähnt, wurde *United* im Juni 1995 von sieben Abgeordneten aus drei verschiedenen Parteien gegründet.[252] Dahinter steckte das Kalkül, sich

---

sowie einen härteren Kurs in der Kriminalitätsbekämpfung. Sein Ziel war es, sich als moderat populistischer und sozialkonservativer Koalitionspartner für *National* zu etablieren. Vgl. Rainbow/ Sheppard (1997), S. 181.

249 Ein weiterer *National*-MP, Trevor Rogers, war zu RoC übergewechselt. Vgl. Boston (1996), S. 5.

250 Als bekannt wurde, daß Meurant Direktor einer russischen Bank mit Finanzaktivitäten in Neuseeland ist, entließ ihn Premierminister Bolger. Trevor Rogers führte dennoch die Kooperation mit National fort; daraufhin verließ Meurant *Right-of-Centre* und saß für den Rest der Legislaturperiode als unabhängiger Abgeordneter im Parlament. Vgl. ebd.

251 Vgl. ebd. Diese ungenaue Angabe läßt sich - da die Umfrageergebnisse des *Heylen Research Centre* in edierter Form nur aus den Jahren 1992/93 vorliegen - nicht weiter präzisieren. Zeitungsmaterial zum relevanten Zeitraum war d. Verf. nicht zugänglich.

252 Bruce Cliffe, Pauline Gardiner, Peter Hilt und John Robertson von *National*, Clive Matthewson und Margaret Austin von *Labour* sowie Peter Dunne, ehemaliger *Labour*-MP und einziges Mitglied der *Future New Zealand Party*, die er im November 1994 gegründet hatte. Vgl. ebd. Zur

innerhalb des Parteienspektrums als liberale Kraft der Mitte - marktwirtschaftlich orientiert, aber mit sozialer Verantwortung - zu plazieren. *United* sollte künftig als potentieller Koalitionspartner für eine der beiden gößeren Parteien fungieren können. Das kurzfristige Ziel bestand darin, in der Phase des Übergangs zu MMP den Weg der ökonomischen Reform durch eine punktuelle Unterstützung der Regierung zu stabilisieren. Eine formelle Koalition mit *National* war nicht geplant, *United* wollte sich zunächst als eigenständige politische Kraft darstellen. Die Strategien unmittelbar nach Formierung der Partei orientierten sich also daran, die Attraktivität bei den Wählern zu steigern. Als eine mögliche Option bot sich an, ein Bündnis mit einer anderen jungen Partei einzugehen, der *Association of Comsumers and Taxpayers*. ACT hatte zwar keine Abgeordneten im Parlament, konnte aber auf erhebliche Unterstützung in der Wirtschaft zurückgreifen und war dementsprechend gut mit finanziellen Ressourcen ausgestattet. Die Verhandlungen mit der konzessionsbereiten ACT scheiterten jedoch aus zwei Gründen: Zum einen befürchteten einige Abgeordnete von *United*, daß bei einem Zusammenschluß das negative Image von ACT als Lobby von Unternehmerinteressen auf die neue Organisation übergreifen würde. Zum anderen weckten Äußerungen aus der Führungsebene von ACT den Eindruck, daß es sich eher um eine Übernahme der finanzschwächeren *United* als um ein Zusammengehen zweier gleichberechtigter Partner handelt. *United* ging aus den Gesprächen mit ACT innerlich gespalten hervor. Die öffentliche Glaubwürdigkeit hatte erheblich gelitten und es bestand dringender Bedarf, die politische Ausrichtung der Partei neu zu definieren.

Als Konsequenz aus diesem Debakel machte sich Peter Dunne für eine Annäherung an *National* stark. In einer Rede vom 23. Januar 1996 signalisierte er die Bereitschaft zur langfristigen Kooperation - Adressaten waren die Regierung, die Öffentlichkeit und die eigene Fraktion.[253] Bereits eine Woche später wurden Verhandlungen zwischen den Parteispitzen aufgenommen.
Die Taktiken der Parteien wurden von einer Nutzen-Risiko-Abwägung geleitet. *United* hoffte, sich in einem Bündnis mit *National* als verantwortlicher Regierungspartner präsentieren zu können. Bei erfolgreicher Zusammenarbeit - so das Kalkül - gäbe es die Möglichkeit, eine klare Koalitionsaussage im Wahlkampf 1996 zu treffen und dadurch die eigenen Wahlchancen zu erhöhen. *United* hatte in seinen Überlegungen aber auch einige Risiken zu berücksichtigen: Durch einen Koalitionseintritt wird die Fähigkeit, als unterscheidbarer politischer Ak-

---

folgenden Beschreibung der Koalitionsbildung zwischen *National* und *United* und zu den Strategien der einzelnen Akteure vgl. ebd, S. 6 ff.

253 Dunne steckte in seiner Rede vor dem *Tawa Rotary Club* die politischen Fronten ab: Nun war klar, daß sich *United* als potentieller Allierter der *National Party* betrachtete. Diese eindeutige Kursbestimmung war von Dunne im Vorfeld nicht mit seinen Parteikollegen abgesprochen worden.

teur aufzutreten, begrenzt. Zudem bestand das Gefahr, potentielle Anhänger durch eine Festlegung auf *National* vor den Kopf zu stoßen. Als wichtiger Faktor war auch der enge zeitliche Rahmen mit einzubeziehen, denn noch binnen des Jahres 1996 mußte gewählt werden. Politische Erfolge lassen sich aber innerhalb von wenigen Monaten nur schwer vorzeigen.
Für *National* sah die Bilanz weit positiver aus. Durch eine Koalition mit *United* erhielt die Partei für den Rest der Legislaturperiode eine parlamentarische Mehrheit von einem Sitz und zudem wieder die Kontrolle über 13 der 23 Ausschüsse. Sie konnte ihre Fähigkeit, auch in einem neuen politischen Umfeld effizient zu agieren, unter Beweis stellen. Größere inhaltliche Kontroversen waren nicht zu erwarten, da sich *United* noch im Anfangsstadium der programmatischen Entwicklung befand.

Die Einigung auf einen Koalitionskompromiß nahm vier Wochen in Anspruch - ein verhältnismäßig langer Zeitraum, wenn man bedenkt, daß das nur zweiseitige Papier ausschließlich Regelungen des politischen Prozesses, aber keine thematischen Festlegungen enthielt.[254] Die Parteien vereinbarten eine enge Kooperation in den parlamentarischen Aktivitäten: Gesetzesinitiativen sollten im Vorfeld abgesprochen und nach Möglichkeit gemeinsame Positionen erarbeitet werden. Zur Klärung strittiger Punkte war eine *Disputes Group* vorgesehen, welche die jeweiligen Parteispitzen umfaßte. Zwischen den Vorsitzenden der beiden Parteien wurde ein regelmäßiger Konsultationsmechanismus eingerichtet. *United* sollte mit einem Kabinettsposten an der Regierung beteiligt werden.[255] Ferner beinhaltete das Koalitionspapier eine Wahlabsprache: *National* verpflichtete sich, 1996 auf die Kandidatur in Peter Dunnes Wahlkreis Ohariu-Belmont zu verzichten.

In vielen Aspekten ist das Abkommen zwischen *National* und *United* mit Koalitionsarrangements in anderen Ländern vergleichbar: Die beiden Parteien vereinbarten eine enge personelle und inhaltliche Kooperation, wobei die Möglichkeit getrennter legislativer Initiativen beibehalten wurde. Das Bestreben, Konflikte zwischen den beteiligten Akteuren möglichst schnell und reibungslos zu lösen, äußerte sich in der Einrichtung eines hochrangig besetzten Gremiums. Einige Merkmale des Papiers weichen jedoch von der klassischen Beschreibung in der akademischen Literatur ab und verweisen damit auf die speziellen Bedingungen einer Transitions- und Anpassungsphase.
Wie oben beschrieben, gab es keine substantiellen politischen Zugeständnisse *Nationals*, nur in einem Punkt scheint *United* das politische Ergebnis beeinflußt

---

254 Zum Folgenden vgl. Coalition agreement between the New Zealand National party and the United New Zealand party, 28.02.1996.

255 Peter Dunne erhielt schließlich zwei, relativ unkontroverse Portfolios: die Finanzbehörde (außerhalb des Kabinetts) und das Innenministerium. Im 20-Personen-Kabinett von Jim Bolger rangierte er auf Platz 19. Er konnte an vier Kabinettsausschüssen teilnehmen, jedoch nicht am einflußreichsten Gremium, dem *Strategy Committee*. Vgl. Boston (1996), S. 10.

zu haben: Die Einkommensgrenze für die in der Öffentlichkeit kontrovers diskutierte Beitragserhöhung in der gesetzlichen Rentenversicherung wurde angehoben.[256] Damit fehlte dem Bündnis *National* - *United* ein typisches Merkmal von Mehrparteienkabinetten; denn hier ist die Besetzung von Regierungsämtern üblicherweise output-relevant - im Unterschied zu Einparteienregierungen, wo sich die Verteilung der Portfolios nicht auf die Politik auswirkt.[257] Daß dem kleinen Koalitionspartner lediglich ein Sitz im engeren Zirkel der Exekutive zugestanden wurde, verstieß darüber hinaus gegen das sonst anzutreffende Prinzip der Proportionalität; e i n Ministerposten reflektierte bei weitem nicht die relative parlamentarische Stärke von *United*. Die Verteilung der Portfolios entsprach in der Phase der Vorbereitung auf MMP also weder quantitativ noch qualitativ den internationalen Standards eines Mehrparteienkabinetts.

Seit Ende des Zweiten Weltkrieges hatte Neuseeland keine Koalitionsregierung mehr erlebt. Generationen von Politikern hatten in der Logik der Mehrheitswahl agiert, die keine Machtteilung erfordert. Die Formierung der *National-United*-Koalition setzte hier einen Kulturwandel in Gang: Sie führte die beteiligten Personen in die Techniken des Verhandelns und der Kompromißfindung ein und lieferte erste Erfahrungen für die Politikgestaltung im Rahmen eines multipolaren Systems.

Die Übergangsjahre 1993-96 können als Phase der Innovation und des Experiments bezeichnet werden, in der neue strukturelle Voraussetzungen des Parteiensystems und veränderte Strategien der Akteure sichtbar wurden. Diese Phänomene waren das Ergebnis eines eigendynamischen Prozesses und bedurften nicht der Regulierung von außen. Die Vorbereitung auf MMP verlangte jedoch auch nach einer institutionellen Revision: nach einer Neuordnung der parlamentarischen Organe und Verfahrensweisen.

5.4 Die Neuordnung der parlamentarischen Arbeit

Im Dezember 1993 wurde ein *Standing Orders Committee* eingesetzt, das eine neue Geschäftsordnung für das Parlament erarbeiten sollte;[258] Ziel war es, das *House of Representatives* auf die Arbeit unter den Bedingungen eines Verhältniswahlrechts einzustellen. Einige Mitglieder des Ausschusses unternahmen Informationsreisen nach Irland, Dänemark, Norwegen, den Niederlanden und Deutschland, um das dortige parlamentarische Prozedere zu studieren. Die vom

---

256 Vgl. ebd., S. 12.

257 So galt für Neuseeland bis 1993: "In New Zealand, at least, one cannot predict a government's policy positions from the allocation of cabinet portfolios." (Palmer (1994), S. 247.)

258 Vgl. Standing Orders Committee on the Review of Standing Orders (1995). (= Report of the SOC)

Standing Orders Committee erarbeiteten Vorschläge traten am 20. Februar 1996 als neue Geschäftsordnung des neuseeländischen Parlaments in Kraft.[259]

Als direkte Folge der Wahlreform mußten die Rolle der Parteien und der Opposition neu definiert, die Organe des Parlaments nach dem Prinzip der Proportionalität umgestaltet und die Position des *Speakers* an ein Mehrparteienparlament angepaßt werden. Der Wechsel zu MMP machte auch eine Überarbeitung des Abstimmungsverfahrens im Plenum und in den Ausschüssen erforderlich. Darüber hinaus sprach das *Standing Orders Committee* jedoch auch Empfehlungen aus, die in Weiterführung einer vom damaligen stellvertretenden Premierminister Geoffrey Palmer initiierten Parlamentsreform von 1985 eine Professionalisierung des *House of Representatives* zum Ziel hatten:[260] Die Instrumente zur Erfüllung der parlamentarischen Kontroll- und Legislativaufgaben sollten gestärkt und erweitert werden. Im Folgenden sind wichtige Elemente des neuen Regelungskatalogs kurz zusammengefaßt.

5.4.1 Anpassungsmaßnahmen an MMP

Status der Parteien[261]

- Die tragende Rolle der Parteien im parlamentarischen Prozeß wird explizit anerkannt.
- Bestimmte Rechte, wie z. B. die Mitgliedschaft im *Business Committee* (s.u.), sind an ein Quorum gebunden (6 MPs bzw. 5% des Parlaments). Hier spiegelt sich die Sperrklausel des Wahlrechts in den Qualifikationsbestimmungen für Parteien wider.

Rolle des Oppositionsführers[262]

- Die Position *Leader of the Opposition* wird - obwohl unter den Bedingungen von MMP Fiktion - beibehalten und dem Vorsitzenden der größten Oppositionspartei zugesprochen. Diese Entscheidung reflektiert

---

259 Vgl. Standing Orders of the House of Representatives (1996). (= SO)

260 Unter Palmers Einfluß wurde zum einen die ganzjährige Sitzungsperiode des neuseeländischen Parlaments eingeführt; Anlaß war die Praxis des vorhergehenden Premierministers Robert Muldoon, monatelang zu regieren, ohne überhaupt das Parlament einzuberufen. Palmers Reformen griffen jedoch nicht, da die Sitzungen nach wie vor spätabends abgehalten wurden und die Regierung durch die Berufung auf die besondere Dringlichkeit von Gesetzen die Regeln des normalen Legislativprozesses immer noch leicht außer Kraft setzen konnte. Zum anderen etablierte die *Labour*-Regierung 1985 eine völlig neue Struktur des Ausschußsystems: Es existierten nun 13 Fachausschüsse mit genau definiertem Zuständigkeitsbereich, denen erstmals das Recht, die Politik, Verwaltung und Ausgaben der einzelnen Ministerien zu untersuchen, per Geschäftsordnung zugeschrieben war; bis dahin hatten die Ausschüsse beim Parlament um entsprechende Kompetenzen zu ersuchen. Vgl. Palmer (1992), S. 112, 118 ff.

261 Vgl. Report of the SOC, S. 16; SO 34.

262 Vgl. Report of the SOC, S. 16; SO 35.

das Eigeninteresse der großen Parteien an der Aufrechterhaltung der damit verbundenen materiellen Vorteile und der herausgehobenen konstitutionellen Position.

Status des Speakers[263]

- Der *Speaker* behält auch künftig nach der Wahl in das Amt seine Parteimitgliedschaft.
- Neu ist die Einrichtung von einem Stellvertreter (*Deputy Speaker*) und zwei Assistenten (*Assistant Speakers*). Damit soll die Möglichkeit gegeben werden, mehrere Parteien personell zu berücksichtigen.
- Die Autorität des *Speakers* wird erhöht; ihm kommen nun weitere Kompetenzen zu: So hat er den Vorsitz im *Business Committee* (s.u.) und legt fest, wann eine für alle Seiten akzeptable Übereinkunft erzielt wurde, so daß Minderheitsmeinungen nicht diskriminiert sind. Der *Speaker* nimmt damit zunehmend die Rolle eines Schiedsrichters und Moderators ein.
- Die Stimme des *Speakers* ist in Pattsituationen des Plenums nicht mehr entscheidend. Dadurch wird der Druck zur Mehrheitsfindung im Parlament größer. Dazu der Geschäftsordnungsausschuß: "We are of the view that a majority of the House should be required to decide [...], rather than it be decided by the casting vote of the Speaker and, therefore, we propose that the Speaker should have a deliberative vote only. If a vote is tied, then it should be lost." (Report of the SOC, S. 30)

Abstimmungsverfahren im Plenum[264]

- Statt dem bisherigen "Hammelsprung" gibt es nun drei Abstimmungsvarianten, die aus den Niederlanden übernommen wurden:
  - *Voice Vote* (Die einzelnen MPs geben ihr Votum ab.)
  - *Party Vote* (Die Parteien geben ihr Votum geschlossen ab.)
  - *Personal Vote* (Die Fraktionsdisziplin ist aufgehoben, die Abgeordneten entscheiden nach ihrem Gewissen.)
- Stimmenthaltungen werden erstmalig gerechnet und protokolliert. Das neue Abstimmungsverfahren gibt dem einzelnen Abgeordneten mehr Unabhängigkeit gegenüber seiner Partei.

---

263 Vgl. Report of the SOC, S. 14 f., 21, 30; SO 14-32, 76 f., 82, 158.
264 Vgl. Report of the SOC, S. 28 f.; SO 145-147, 144 (2).

Struktur und Bedeutung des Ausschüssse[265]

- Die Zuständigkeitsbereiche der 12 statt bisher 13 Fachausschüsse wurden neu definiert.
- Die Besetzung der jeweils acht Mitglieder erfolgt nach dem Proportionalitätsprinzip; der Vorsitz wird nicht mehr notwendigerweise von einem Mitglied der Regierungsfraktion eingenommen. Damit ist die bisherige Kontrolle der Exekutive über das Ausschußsystem abgeschwächt; bei einer multifraktionalen Zusammensetzung können Mehrheiten auch gegen die Regierungspartei gefunden werden.
- Der Ausschußvorsitzende hat bei einem Abstimmungspatt kein entscheidendes Votum mehr. Konsultation und gemeinsame Entscheidungsfindung gewinnen dadurch an Bedeutung.
- In Anknüpfung an den bisherigen Regelkatolog betont der Geschäftsordnungsausschuß das Recht auf Dissens: "[...] there could be greater desire in an MMP parliament for dissenting views to be known." (Report of the SOC, S. 44.)
- Ferner plädiert er dafür, daß die bisher wenig beachteten Ausschußberichte größeres Gehör finden sollten: "We believe there should be more opportunities to debate significant reports in the House [...]" (Report of the SOC, S. 42.)

5.4.2 Begleitende Reformen

Parlamentarischer Kalender[266]

- Die Parlamentssitzungen sind nach wie vor auf ein ganzes Kalenderjahr verteilt.
- Abendsitzungen werden auf einen Tag - den Mittwoch - eingeschränkt.
- Die Debatte über ein von der Regierung als dringlich anberaumtes Gesetzesvorhaben (*urgency*) beginnt am Tag nach der Zustimmung durch das Parlament und nicht wie bisher am gleichen Tag. Die maximale Ausdehnung der Sitzungszeiten ist nun genau festgeschrieben, Nachtsitzungen sind nicht erlaubt.
- Für den Fall des *extraordinary urgency* gibt es keine entsprechenden Einschränkungen; der *Speaker* hat zu entscheiden, ob die von der Regierung angeführten Gründe eine äußerste Dringlichkeit rechtfertigen. Die nun präzisere Regelung eiliger Gesetzesvorhaben läßt das Bemühen erkennen, den in der Vergangenheit extensiven Gebrauch von *urgency*

---

265 Vgl. Report of the SOC, S. 31-34, 42, 45; SO 190, 193, 215, 242-244.
266 Vgl. Report of the SOC, S. 18-22; SO 56-60, 76-80.

bills einzudämmen; nach wie vor hat die Exekutive jedoch die Möglichkeit, den regulären Gesetzgebungsprozeß zu ihren Gunsten abzukürzen.

- Ein *Business Committee* wird eingerichtet, das als "Regierung" des Parlaments das Sitzungsprogramm sowie die Nominierung der Ausschußmitglieder koordinieren soll. Im Idealfall wird im Konsens oder zumindest auf der Basis einer größtmöglichen Übereinstimmung entschieden. Ziel ist es, das parlamentarische Prozedere auf eine Basis der Akzeptanz bei allen Parteien zu stellen.

Gesetzgebungsprozeß[267]

- Nach der erstmaligen Vorlage eines Gesetzentwurfs im Parlament erfolgt keine Debatte mehr, da zu diesem Zeitpunkt keine qualifizierten Aussagen von seiten der MPs möglich sind.
- Die Diskussion in den Ausschüssen ist einem Zeitlimit von sechs Monaten unterworfen. Die Ausschüsse haben nun das Recht, einen Gesetzentwurf zu teilen, um ihn ausführlicher behandeln zu können.
- Sog. *omnibus bills*, also Sammelgesetze, bei denen e i n e Vorlage dazu verwendet wird, um Zusätze zu einer Reihe von Gesetzen zu verabschieden, werden eingeschränkt. Die erlaubten Praktiken sind nun erstmals kodifiziert: Sie legen fest, daß jeder derartige Gesetzesvorschlag nur ein Thema umfassen darf und der *Speaker* die Vereinbarkeit mit der Geschäftsordnung kontrolliert. Die neue Geschäftsordnung fixiert auch die Politikfelder, zu denen *omnibus bills* vorgelegt werden dürfen. Neben der *urgency*-Option schränkt dieses Instrument der Exekutive die Kontrollmöglichkeiten des Abgeordnetenhauses stark ein. Die neuen Regelungen schufen hier zumindest ein Mehr an Rechtssicherheit.

Finanzgesetzgebung[268]

- Den Abgeordneten wird nun eine gewisse Initiativgewalt in der Finanzgesetzgebung zugesprochen; so haben sie das Recht zu Gesetzesvorschlägen, auch wenn diese Ausgaben oder Besteuerung betreffen.
- Die Regierung erhält auf der anderen Seite die Macht, ein finanzielles Veto einzulegen, wenn sie der Meinung ist, daß der Entwurf mehr als nur geringe Auswirkungen auf die Fiskalsituation des Staates hat.
- Das finanzielle Veto ist in vielen Ländern ein Machtinstrument der Exekutive; es wurde 1969 z. B. auch in der Bundesrepublik verankert,

---

267 Vgl. Report of the SOC, S. 38, 49-51, 53-58; zum Gesetzgebungsprozeß SO 252-338, hier bes. 285 (1), 286 (1) sowie 256-259.

268 Vgl. Report of the SOC, S. 61-64; SO 313 f.

nachdem Opposition und Teile des Regierungslagers wiederholt ausgabenträchtige populäre Beschlüsse durchgesetzt hatten. Hier besteht also eine im internationalen Kontext übliche Schranke.

Die proportionale Zusammensetzung der Parlamentsorgane reduziert die Gefahr, daß es bei Entscheidungsprozessen unter MMP zu einer voraussehbaren Nullsummenlogik kommt. Die Abschwächung der Regierungskontrolle eröffnet also die Möglichkeit, daß die Arbeitsfunktion des neuseeländischen Abgeordnetenhauses künftig größere Bedeutung erhalten bzw. die Arenafunktion zurückgedrängt wird. Eine Aufwertung der Legislative ist jedoch nur bedingt zu beobachten; viele Machtbefugnisse der Exekutive wurden zwar präziser festgelegt, aber nicht substantiell eingeschränkt. Deshalb gilt künftig: Über den Spielraum des Parlaments gegenüber der Regierung, die Unabhängigkeit des einzelnen Abgeordneten gegenüber seiner Partei sowie den Handlungsradius kleinerer Gruppierungen werden die Mehrheitsverhältnisse entscheiden. Auch unter einem Verhältniswahlsystem ist eine komfortable Regierungsmehrheit und damit die eindeutige Dominanz der Exekutive möglich.

6 Die Situation nach der ersten MMP-Wahl – Ist-Analyse und Perspektiven nach 1996

Das Wahlergebnis von 1996 markierte eine deutliche Abkehr vom Duopol der FPP- Ära. Von den 20 zur Wahl angetretenen Parteien erreichten sechs das Ziel, ins Parlament einzuziehen.[269] *National* blieb stärkste Fraktion, mußte jedoch - ebenso wie *Labour* - insbesondere bei den Listenstimmen Einbußen hinnehmen. Auf der Ebene der Sitze machte sich der Verlust der ehemals dominanten Stellung der großen Parteien deutlich bemerkbar: *National* fiel von 50,5% der Mandate im Jahr 1993 auf 36,7%, *Labour* von 45,5% auf 30,8%. *Alliance* und *New Zealand First* vervielfachten erwartungsgemäß ihren Sitzanteil, das linksliberale Bündnis hatte jedoch erhebliche Stimmenverluste zu verzeichnen. Von den Parteien, die sich seit 1993 formiert hatten, übersprang nur ACT die 5%-Hürde, *United* vermochte als rein parlamentarisch präsente Kartellpartei kaum Anziehungskraft auf die Wähler auszuüben und erhielt lediglich ein Direktmandat. Diese neue Pluralität des Parteiensystems wird im Folgenden auf ihre langfristigen Perspektiven und auf ihre Implikationen für die Regierungsbildung untersucht.

6.1 Das Parteiensystem

6.1.1 Stabilisierung als multipolares Gefüge: Die Senkung der psychologischen Sperre bei der Wahlentscheidung

Wie oben erläutert[270], stellte Duverger eine kausale Beziehung zwischen Wahl- und Parteiensystem her. Er offerierte dabei zwei Erklärungsvariablen, um die enge Verzahnung von Majoritätsmodus und bipolarem Parteigefüge theoretisch aufzulösen.[271] Zum einen begünstige die Mehrheitsregel in Einerwahlkreisen die zwei größten konkurrenzfähigen Akteure im Land - dieser mechanische Effekt ist mit Blick auf Neuseeland bereits ausführlich beschrieben worden. Zum anderen geht Duverger von einem antizipierenden Wählerverhalten aus: Da die Bürger ihre Stimme gewertet sehen wollen, sind sie bereit, für eine Partei zweiter Wahl zu votieren, falls sie ihre Erstpräferenz als wahrscheinlichen Verlierer einschätzen. Duvergers These impliziert hier eine zentrale Prämisse der *Rational choice*-Theorie, in der das Verhalten der Wähler als erwartbare Nutzenmax-

---

269 Eine Liste der zur Wahl von 1996 registrierten Parteien ist zu finden in Boston u.a. (1996), S. 200 (Appendix 3).

270 Vgl. Kap. 3.1.3 „Theoretische Positionen zur Beziehung von Wahl- und Parteiensystem".

271 Zum Folgenden vgl. Duverger (1967), S. 217-228.

imierung definiert wird.[272] Riker hat diese Annahme empirisch überprüft und den psychologischen Faktor neu zu gewichten versucht. In seiner Schlußfolgerung bestätigt er zwar die erhebliche Bedeutung des *sophisticated voting*, weist aber gleichzeitig darauf hin, daß auch unter dem Mehrheitswahlsystem regelmäßig Drittparteien auftreten. Offenbar unterstützen die Wähler also auch bei einem nicht unmittelbar zu erwartenden Vorteil ein Programm, das ihrer ideologischen Orientierung entspricht.[273]

Tab. 9: Aktuelle und hypothetische Ergebnisse der Wahl von 1996

	Aktuelle Listenstimmen (Gesamtzahl d. Sitze)	Aktuelle Wahlkreisstimmen (nur Wahlkreissitze)	Simulierter Stimmenanteil (Gesamtzahl d. Sitze)
National	33,8 % (44)	33,9% (30)	38,1% (58)
Labour	28,2 % (37)	31,1% (26)	32,6% (35)
NZ First	13,4% (17)	13,5% (6)	13,1% (5)
Alliance	10,1% (13)	11,3% (1)	10,4% (1)
ACT	6,1% (8)	3,8% (1)	1,8% (0)
Christian Coali tion	4,3% (0)	1,6% (0)	1,2% (0)
United	0,9% (1)	2,1% (1)	0,9% (0)
Andere	3,2% (0)	2,7% (0)	1,7% (0)
(Gesamtzahl d. Sitze)	(120)	(65)	(99)

Quelle: Vowles (erscheint 1998), S. 2.
Anm.: Vowles stützt sich für die Simulation auf die Daten der NZES 1996.

In Neuseeland bot sich - bedingt durch den abrupten Wechel des Wahlsystems - eine Möglichkeit, die Auswirkungen psychologischer Effekte auf das Abstimmungsverhalten im unmittelbaren Vergleich zu studieren: Im Rahmen der *New Zealand Election Study* von 1996 wurden die Teilnehmer gebeten, ihre Wahlentscheidung hypothetisch unter der Bedingung des nun abgeschafften FPP-

272 Downs (1957), S. 48: "A rational voter first decides what party he believes will benefit him most; then he tries to estimate whether this party has any chance of winning. He does this because his vote should be expended as part of a selection process, not as an expression of preference. Hence even if he prefers party A, he is 'wasting' his vote on A if it has no chance of winning because very few other prefer it to B or C. The relevant choice in this case is between B and C. Since a vote for A is not useful in the actual process of selection, casting it is irrational." In der Literatur wird die von Downs beschriebene Taktik mit dem Begriff des *sophisticated voting* umschrieben.

273 Vgl. Riker (1982).

Systems zu treffen.[274] Tabelle 9 vergleicht die Werte der Interviews mit dem realen Ergebnis von 1996:

Die Gegenüberstellung zeigt Differenzen und Parallelen zwischen dem realen und dem hypothetischen Wahlergebnis. Unter FPP-Bedingungen hätten *Labour* und *National* eindeutig mehr Stimmen erhalten; *National* würde mit einer klaren Mehrheit der Sitze die Regierung stellen. Bei *Alliance* und *New Zealand First* können dagegen auf Stimmenebene keine signifikanten Unterschiede zwischen Simulation und eigentlichem Resultat festgestellt werden; der mechanische Effekt des FPP-Systems hätte aber ihre parlamentarische Vertretung im Vergleich zur aktuellen Sitzverteilung erheblich reduziert. Die 1996 erstmals zur Wahl angetretenen Parteien ACT und *Christian Coalition* hätten bei einer Beibehaltung des tradierten Wahlmodus' ein kaum nennenswertes Ergebnis erzielt - der von Duverger beschriebene psychologische Effekt wäre also vor allem hier wirksam geworden. Offenbar präferieren die Bürger unter FPP-Bedingungen eine bereits bekannte Alternative. Auffällig ist, daß Drittparteien im Stimmverhalten aber nicht generell gemieden werden - ein Beleg für Rikers Reformulierung der Duvergerschen These. Die Befürchtung, ihre Stimme zu verschenken, scheint also nicht für alle Wähler von erster Priorität zu sein.

Seit Bestehen des modernen Zweiparteiensystems gab es in Neuseeland einen fluktuierend hohen Prozentsatz an Wählern, die Downs' Modell des *sophisticated voting* nicht entsprachen. Die Einführung des Verhältniswahlsystems bedeutet jedoch eine erhebliche Senkung der psychologischen Sperrwirkung und wird so die Option für kleinere Parteien - wie am Wahlergebnis von 1996 ablesbar - noch wahrscheinlicher machen. Eine weitere Auffächerung der Wählerentscheidungen und eine Stabilisierung des Parteiensystems als multipolares Gefüge ist zu erwarten.

6.1.2 Moderate Transformation: Zum *Cleavage*-Profil Neuseelands

Wie wird sich die quantitative Dimension der neuen Pluralität in Neuseeland längerfristig darstellen? Peter Aimer vertritt die These, daß die Transformation des neuseeländischen Parteiensystems von begrenztem Umfang bleiben wird und eine Entwicklung hin zu einer extremen Fragmentierung als unwahrscheinlich zu bezeichnen ist.[275] In diesem Zusammenhang verweist er auf das institutionelle Limit der 5%- Hürde, die Flexibilität und Anpassungsfähigkeit der existierenden größeren Parteien und die in Neuseeland nur in beschränktem Umfang vorhan-

---

274 Folgende Frage wurde gestellt: 'Imagine that the 1996 election had been held under the old first past the post system, and you had only ONE vote for one of the candidates who stood in your electorate. Which party's candidate would you have voted for?' Vgl. NZES 1996. Zu einer ausführlichen Diskussion des simulierten Wahlergebnisses vgl. Vowles (erscheint 1998).

275 Vgl. Aimer (1997), bes. S. 193 f.

denen sozialen *Cleavages*.[276] Oben wurde bereits darauf hingewiesen, daß *Labour* und *National* ihre zentripetalen Kräfte gegenwärtig nur bedingt entfalten können, hier bleibt die weitere ideologische Ausrichtung zu beobachten. Eine *Cleavage*-Analyse stützt indes eindeutig Aimers These von einer moderaten Transformation des Parteiensystems; folgende zehn Konfliktdimensionen wurden in diesem Zusammenhang auf ihre Relevanz für Neuseeland befragt:[277]

1. Sozioökonomisch
2. Religiös
3. Kulturell-ethnisch
4. Stadt - Land
5. Regime-Unterstützung
6. Außenpolitik
7. Postmaterialismus
8. Regionalismus
9. *Gender*
10. Ökonomischer Interventionismus

Die Konflikte, die auf sozialem Status, Einkommen und Besitz beruhen, sind die in allen westlichen Demokratien primäre Trennlinie zwischen den Parteien.[278] Auch in Neuseeland können klassenbezogene ökonomische Themen als prinzipielles historisches Unterscheidungsmerkmal zwischen *Labour* und *National* gelten. Über ein Jahrzehnt marktliberaler Reformen hat zudem den materiellen Verteilungskonflikt neu betont, so daß diese Dimension weiterhin das neuseeländische Parteiensystem prägen wird.

---

276 Der *Cleavage*-Ansatz geht maßgeblich auf Lipset und Rokkan zurück, die in ihrem Modell für die Entstehung europäischer Parteiensysteme vier entscheidende soziale Konfliktdimensionen heranziehen: Der zentrale Konflikt zwischen Zentrum und Peripherie brach - so die Autoren - zur Zeit der (Gegen-)Reformation auf und äußerte sich zunächst im Widerstreit von nationaler und transnationaler Verfügungsgewalt über Sprache und Religion. Den anderen gesellschaftlichen Spannungsfeldern werden folgende Oppositionen zugeordnet: der *State-Church*-Dimension säkulare vs. religiöse Kontrolle der Massenerziehung, der *Land-Industry* Protektion für Agrarprodukte vs. Freiheit für das Industrieunternehmertum sowie der *Owner- Worker*-Dimension Systemintegration der Arbeiterschaft vs. Engagement in der internationalen revolutionären Bewegung. Vgl. Lipset/ Rokkan (1967), S. 33 ff.

277 Die ersten sieben Dimensionen waren nach Lijphart jeweils zumindest in einigen der von ihm untersuchten 22 demokratischen Parteiensysteme im Zeitraum zwischen 1945 und 1980 präsent. Vgl. Lijphart (1984a), S. 127-149. Die folgenden drei Konfliktlinien sind in Anlehnung an Nagel hinzugefügt, da sie in Neuseeland eine gewisse gesellschaftspolitische Bedeutung beanspruchen können. Vgl. Nagel (1994), S. 149 f.

278 Nur in Kanada scheint der kulturell-ethnische Konflikt eine noch höhere Relevanz zu haben. Vgl. Lijphart (1984a), Table 8.1, S. 130.

Die Bildung einer dezidiert konfessionellen Partei ist im überwiegend protestantischen und in wachsendem Maß säkularen Neuseeland unwahrscheinlich.[279] Ein gewisses Potential kann jedoch - wie der Stimmenanteil der *Christian Coalition* gezeigt hat, die 1996 mit 4,3% nur knapp an der Sperrklausel gescheitert ist - einer sozialkonservativen Bewegung zugeschrieben werden, die sich in ihrer Kampagne auf die Opposition gegen den aus ihrer Sicht permissiven und libertären Trend der modernen Gesellschaft konzentriert.

Personen mit Maori-Abstammung stellen gegenwärtig rund 15% der neuseeländischen Bevölkerung.[280] Seit 1981 nahmen Kandidaten der Maori-Partei *Mana Motuhake* den zweiten Platz hinter *Labour* in den vier Maori-Wahlkreisen ein.[281] Auch wenn sich *Mana Motuhake* für die Wahlen von 1993 und 1996 der *Alliance* angeschlossen hat, gibt es rein quantitativ nach wie vor das Potential für eine erfolgreiche ethnisch organisierte Partei. Das Wahlergebnis von 1996 führt jedoch zu der Schlußfolgerung, daß vorläufig *New Zealand First* die ehemalige Monopolstellung *Labours* als Repräsentant der Maori-Interessen eingenommen hat.

Historisch gesehen, kommt dem Konflik zwischen agrarischem und industriell-kommerziellem Sektor in Neuseeland eine ähnlich herausragende Stellung zu wie der sozioökonomischen Dimension. So war die zwischen 1912 und 1935 überwiegend regierende *Reform Party* fast ausschließlich eine Partei der Farmer.[282] Ab 1935 präsentierte sich die *National Party* als Artikulationsorgan bäuerlicher Interessen; die enge auch personelle Verflechtung zwischen *National* und dem neuseeländischen Bauernverband repräsentierte in den 1960er Jahren Premierminister Keith Holyoake. Nach seinem Rücktritt gewannen die Interessen der städtischen Klientel in Partei und Kabinett jedoch immer größere Bedeutung; die wachsenden Spannungen zwischen Farmern und der *National Party* zeigten sich vor allem in der Amtszeit Muldoons, gegen dessen rigiden Interventionismus der Bauernverband vehement protestierte.[283] Nachdem die Bindung an eine der beiden großen Parteien an Stabilität verloren hat, bietet sich - bei einem ländlichen Bevölkerungsanteil von 15%[284] - die Möglichkeit für die Formierung

---

279 Immer weniger Neuseeländer identifizieren sich mit den vier traditionellen größeren Religionsgemeinschaften, den Anglikanern, Presbyterianern, Katholiken und Methodisten. Von 69,1% im Census von 1976 fiel die Zahl stetig bis auf 57,6% im Census von 1991 herab; 42,6% der neuseeländischen Bevölkerung waren 1991 einem protestantischen Bekenntnis zuzuordnen, 20,1% gaben keine Konfessionszugehörigkeit an. Vgl. Statistics New Zealand (1996), S. 116 f.

280 Vgl. Statistics New Zealand (1996), S. 97.

281 Die Wahlergebnisse von Mana Motuhake in den vier Maori-Distrikten: 1981 (15,1%), 1984 (9,6%), 1987 (17,2%), 1990 (22,4%). Vgl. Levine/ Roberts (1991), S. 13.

282 Vgl. Kap. 3.1.2 „Von der territorialen zur Volksrepräsentation".

283 Zum Verhältnis zwischen dem Bauernverband *Federated Farmers* und der *National Party* vgl. Bremer/ Brooking (1993), S. 117 f.

284 Vgl. Statistics New Zealand (1996), S. 84.

einer ausschließlich agrarisch orientierten Partei; gegenwärtig sind jedoch keine Anstrengungen in dieser Richtung zu beobachten, zumal die jüngsten Wirtschaftsreformen den Konflikt zwischen ländlichen und städtischen Interessen in zunehmenden Maß nivellieren.
Gruppen, die die fundamentalen Annahmen der Demokratie in Zweifel ziehen, waren bisher in Neuseeland bedeutungslos und werden es unter MMP wohl auch bleiben. Die einzig momentan relevanten Verfassungsfragen betreffen die Umwandlung in eine Republik und eine eventuelle Föderation mit Australien. Beide Optionen wurden vom ehemaligen Premierminister Bolger in mehreren öffentlichen Reden nachdrücklich unterstützt. In der Bevölkerung findet die Idee einer Republik Neuseeland nur mäßige Zustimmung; eine knappe Mehrheit sprach sich in der nationalen Umfrage von 1996 für die Beibehaltung der *Queen* als Staatsoberhaupt aus.[285] Es ist nicht zu erwarten, daß eines der beiden Themen genügend Anziehungskraft entwickelt, um als Basis einer neuen Partei dienen zu können.

Auch das Feld der Außenpolitik führte in Neuseeland nie zu stabilen Konfliktlinien. Die Polarisierung der Meinungsklimas durch die Antinuklearpolitik *Labours* und die faktische Beendigung des ANZUS-Paktes wich einem neuen Konsens, als sich *National* nach der Regierungsübernahme 1990 dieser Linie anschloß.

Als weitere Konfliktdimensionen ohne Potential sind der Regionalismus und der Faktor *Gender* zu nennen. Die geographische Teilung Neuseelands in eine Nord- und Südinsel gibt zwar Anlaß zu gewissen Ressentiments - in diesem Zusammenhang sei noch einmal auf die Referendumskampagne von 1992/93 verwiesen, als die Reformgegner aus der Angst des Südens vor einer parlamentarischen Unterrepräsentation Kapital zu schlagen suchten. Diese Differenzen sind jedoch weder ethnisch- kulturell noch wirtschaftlich gestützt und bergen so kaum weiteren Konfliktstoff. Auch geschlechtsspezifische Themen bieten allein keine ausreichende Basis zur Gründung einer eigenen Partei; sie wurden offenbar von den existierenden Parteien bereits absorbiert. Darüber hinaus reüssieren Frauen in zunehmendem Maß innerhalb des etablierten politischen Spektrums - als Sattelzeit sind hier die 1970er Jahre zu nennen.[286]
Postmaterialistisch ausgerichtete Parteien blicken in Neuseeland auf eine lange Karriere zurück. Wie oben ausgeführt[287], wurden 1972 die *Values* gegründet,

---

285 In der NZES 1996 befürworteten 35,4% der Befragten die Schaffung einer Republik, 51,1% plädierten dagegen für den konstitutionellen Status quo.

286 In Neuseeland fungierte vor allem die *Labour Party*, der sich ab Mitte der 1970er Jahre viele Feministinnen der zweiten Generation anschlossen, als Motor der Frauenrepräsentation. Anders als in der *National Party* wurden die Frauen hier in aussichtsreichen Wahlkreisen aufgestellt. Vgl. Hill/ Roberts (1990), S. 65 ff.

287 Vgl. Kap. 3.1.3 „Gesellschaftliche Pluralität und *Dealignment*".

1990 stellte sich die *Green Party* zur Wahl und gewann 6,9% der Wählerstimmen. An den Wahlen 1993 und 1996 nahm die Umweltpartei unter dem Dach der *Alliance* teil. Die Neuformierung einer eigenständigen grünen Partei bleibt abzuwarten, gegenwärtig scheint die postmaterialistische Orientierung aber eher von wirtschaftspolitischen Themen überlagert zu sein. Der Kampf zwischen Anhängern und Befürwortern einer massiven Staatsintervention im Bereich der Ökonomie zerrüttete die neuseeländische Politik während der letzen Dekade. Zunächst in einen übergeordneten wirtschaftspolitischen Horizont eingebunden, entwickelte sich die Frage des Staatsinterventionismus ab 1984 zur unabhängigen Konfliktdimension. Manifestationen dieses *Cleavages* sind Abspaltungen von der traditionellen Parteienkonfiguration, wie die 1989 gegründete *NewLabour Party* und die 1993 ins Leben gerufene *New Zealand First Party*. Der gleichen Konfliktlinie folgte die Formierung der marktradikalen Bewegung ACT.
Zum gegenwärtigen Zeitpunkt sind in Neuseeland also nur zwei aktive Konfliktlinien zu identifizieren: die sozioökonomische und die des ökonomischen Interventionismus. Drei weitere Dimensionen - die Ethnie, der Postmaterialismus und der Sozialkonservatismus - besitzen die realistische Chance zur Wählermobilisierung, auch wenn sie momentan parlamentarisch nicht präsent sind.

Nach dem Modell von Taagepera und Grofman würde das eben skizzierte *Cleavage*- Profil Neuseelands bedeuten, daß sich mittelfristig nicht mehr als sechs Parteien etablieren werden. Die Hypothese der beiden Autoren läßt sich auf zwei Annahmen reduzieren:[288]

1. Die Existenz nur einer Konfliktlinie produziert ein Zweiparteiensystem.
2. Jede neue Dimension wird dem System nur eine weitere Partei hinzufügen.

---

288 Taagepera und Grofman versuchen die Synthese eines institutionellen Ansatzes, der sich vor allem auf die Effekte des Wahlsystems konzentriert, und eines ideologischen Ansatzes, der den Fokus auf die gesellschaftlichen Konfliktlinien richtet. Die im Folgenden angeführte Formel beschreibt eine empirisch bestätigte Tendenz, kein naturwissenschaftliches Gesetz. Eine Abweichung nach oben (N=I+2) zeigen ausschließlich Staaten mit Verhältniswahlsystem, einige Länder - darunter die Nicht-PR-Systeme Australien, Japan und Frankreich - lassen sich nach der Formel N=I charakterisieren. Vgl. Taagepera/ Grofman (1985).

Basierend auf diesen Prämissen stellen Taagepera/ Grofman folgende Gleichung auf:

$$N_{eff} = I + 1.$$[289]

(= Die effektive Anzahl der Parteien ist gleich der Anzahl der Konfliktdimensionen plus eins.)

Unterschiedliche Faktoren sprechen für die Plausibilität dieser Hypothese.[290] Kommt ein neuer *Cleavage* zum originären Konflikt hinzu, so wird die Ausbildung mehr als einer Partei in unterschiedlicher Hinsicht behindert: Erstens kann hier der institutionelle Mechanismus einer Sperrklausel greifen. Zweitens werden die Vertreter einer Anti-status-quo-Position versuchen, ihre Kräfte zu bündeln, haben also ein Eigeninteresse daran, ein Splitting zu unterbinden. Auf der anderen Seite werden die größeren Parteien Strategien entwickeln, die neue Konfliktdimension auf nur eine Partei zu beschränken; sie können sich z.B. näher zur Mitte hin bewegen, falls die Drittpartei das Zentrum des politischen Spektrums besetzt. Drittens: Wenn ein neuer *Cleavage* als kategoriales[291] Thema definiert ist, dann werden die etablierten Parteien versuchen, die Frage aus dem regulären Kanon der Parteipolitik auszuklammern und sie der Gewissensentscheidung der Abgeordneten oder einem Referendum vorzubehalten.

Folgt man Taagepera und Grofman, so sind die Perspektiven des neuseeländischen Parteiensystems mit Pluralität, aber auch mit Übersichtlichkeit zu umschreiben; eine begrenzte Auffächerung des politischen Spektrums ist weit wahrscheinlicher als eine extreme Fragmentierung.

Eine nähere Klassifizierung ist zum gegenwärtigen Zeitpunkt noch schwierig; es bleibt abzuwarten, inwiefern sich insbesondere die auf der politischen Bühne neuen Akteure längerfristig halten können und ideologisch orientieren werden. Nimmt man eine Ist-Analyse nach der Anzahl und der relativen Größe der Parteien vor, so gleicht Neuseeland mehr Italien zwischen den 1950er und 1980er sowie Israel ab den 1970er Jahren als etwa den Mehrparteiensystemen Belgien,

---

289 N_{eff} bezeichnet die effektive, nicht die reale Anzahl der Parteien. Die hierzu relevante mathematischen Gleichung ist so konstruiert, daß jede Partei im Quadrat verrechnet wird; kleine Parteien tragen wenig, große Parteien relativ mehr zum Index bei. Die Anwendung der effektiven Anzahl von Parteien bietet einen nicht willkürlichen Weg, signifikante von weniger signifikanten Akteuren zu unterscheiden. I steht für 'Issues', also Konfliktdimensionen.

290 Vgl. Nagel (1994), S. 158-160.

291 Soziale Konfliktlinien sind immer absoluter (*kategorial*) oder relativer Natur (*positional*). Als kategoriale Dimension teilen sie die Gesellschaft in genau zwei unterscheidbare Gruppen, z.B. Maori vs. Nicht-Maori. Eine positionale Dimension ist durch ein Kontinuum von Positionen definiert, deren Anordnung im allgemeinen von der Gesellschaft akzeptiert wird. Vgl. ebd., S. 158 f.

Frankreich oder den Niederlanden.[292] Die Zukunft wird zeigen, ob *National* sich zum dominanten Einflußfaktor entwickeln wird oder ob weiterhin zwei in etwa gleich gewichtete Parteien wie in Deutschland existieren. Ferner bleibt zu beobachten, ob sich zwei ideologisch konträre Blöcke herauskristallisieren oder ob sich eine der kleineren Parteien als balancierende Kraft etablieren kann. Für beide Szenarien gibt es Anhaltspunkte: Vorstellbar ist einerseits eine engere Annäherung von *Labour* und *Alliance* - *Labours* inhaltliche Neupositionierung wäre in diesem Prozeß ein ausschlaggebender Faktor; ein linksliberaler Block würde dann den Mitte-Rechts-Parteien von ACT bis *National* gegenüberstehen. Andererseits könnte sich *New Zealand First*, deren populistische Programmatik ohnehin Positionen aus unterschiedlichen politischen Lagern vereinigt, auch als anschlußfähig an beide großen Parteien erweisen.

6.2 Die Regierung

Das folgende Kapitel skizziert vor dem Hintergrund der Literatur zur Koalitionstheorie den Prozeß der Etablierung der ersten MMP-Regierung in Neuseeland und versucht, die Folgen aus der Wahlreform für künftige Kabinette zu prognostizieren. Auf eine Erläuterung des konstitutionellen Rahmens, welche bereits bei der Beschreibung der Koalitionen in der Transitionsphase erfolgte, wird an dieser Stelle verzichtet.

6.2.1 Zur Theorie der Regierungsbildung

Ein Großteil der politikwissenschaftliche Literatur zu Regierungsbildung basiert auf der *Rational-Choice-* bzw. auf der Spieltheorie.[293] Innerhalb dieser theoretischen Tradition gilt die Annahme, daß politische Akteure im wesentlichen rational handeln, also reflexiv und zielgerichtet, nicht zufällig oder mechanisch. Sind Individuen mit mehreren Handlungsmöglichkeiten konfrontiert, so stellen sie eine Präferenzordnung auf, die den Kriterien der Transitivität und Vollständig-

---

292 Alan Ware klassifiziert Italien und Israel als Systeme mit zwei großen Parteien, die zusammen mehr als 65% der Sitze halten, während keine andere Partei mehr als 14% der Sitze auf sich vereinigt. Belgien, Frankreich und die Niederlande werden als *Even party systems* bezeichnet; Merkmal ist hier eine gleichmäßiger verteilte Sitzzahl: So hat die größte Partei unter 45% der Sitze, die beiden größten Parteien gemeinsam halten weniger als 65%. Ware erstreckt seine Analyse westlicher Demokratien auf den Zeitraum von 1958 bis 1990. Vgl. Ware (1996), Table 5.2, S. 162.

293 Vgl. z.B. Budge/ Keman (1990); Budge/ Laver (1986); Budge/ Laver (1993); Laver/ Schofield (1990); Laver/ Shepsle (1990a); Laver/ Shepsle (1990b); Laver/ Shepsle (1996); Riker (1962); Schofield/ Laver (1985); Strom (1990).

keit[294] genügt; ihre Entscheidung ist - vor einem zeitlichen Horizont gesehen - konsistent.[295]

Wenn politische Akteure rational handeln, welche Ziele verfolgen sie dann? Riker hat in bezug auf Parteien die These aufgestellt, sie seien primär interessiert an der Amtsausübung (*office seeking*); denn diese bringt Macht, Status und finanziellen Gewinn. Deshalb sei die wahrscheinlichste Koalitionsform die der *minimum winning coalition*: Hier nehmen gerade so viele Akteure teil, wie für eine parlamentarische Mehrheit nötig sind; Gratifikationen aus der Regierungsausübung müssen dann nur mit einer minimalen Anzahl von Konkurrenten geteilt werden.[296] Rikers Annahme wurde auf theoretischer und empirischer Basis angezweifelt. So darf das Ziel der Parteien, politische Inhalte zu implementieren, nicht unterschätzt werden (*policy pursuit*). *Policy*- orientierte Theorien konzentrieren sich vor allem auf die ideologische Distanz zwischen den Parteien.[297] Die Empirie belegt, daß Akteure mit enger ideologischer Affinität (*connected coalitions*) mit größerer Wahrscheinlichkeit kooperieren als Parteien mit inhaltlich konträren Positionen. Unter der Prämisse, daß politische Erwägungen für die Akteure wichtig sind, kann es auch Minderheitsregierungen - entweder von einer Partei oder einer Koalition - geben. Tatsächlich sind solche Regierungen (*undersized*) relativ häufig. Ungefähr ein Drittel aller demokratischen Regierung in der Nachkriegszeit hatte keine Mehrheit im Parlament[298]. Strom, der sich mit den Bedingungen von Minderheitsregierungen am ausführlichsten beschäftigt hat, gibt dafür folgende Gründe an:[299]

Erstens ist zu einer effektiven Amtsausübung nicht immer eine parlamentarische Mehrheit vonnöten. Wenn beispielsweise eine Partei zur Stimmenthaltung bereit oder die Opposition tief gespalten ist, kann die Bildung einer Minderheitsregierung eine vollkommen rationale Strategie darstellen. Der effektive Handlungsspielraum des Kabinetts hängt also von der Anzahl, Konfiguration und relativen Stärke der im Parlament vertretenen Parteien ab.

---

294 D. h.: Erstens: Alle Handlungsoptionen müssen vergleichbar sein. Zweitens: Wenn A gegenüber B vorgezogen wird und B gegenüber C, dann muß A vor C präferiert werden.

295 Vgl. Strom (1990), S. 30.

296 Rikers Theorem basiert auf den Prämissen der Spieltheorie; bezogen auf die *minimum winning coalition* müssen folgende Bedingungen erfüllt sein:

297 Folgende Autoren plädieren dafür, die Konzepte des *office-seeking* und *policy-pursuing* miteinander zu verbinden: Budge/ Keman (1990), S. 10-31; Budge/ Laver (1986). Lijphart kommt in seiner Kritik beider Ansätze zu dem Schluß, daß Koalitionen ideologisch nahestehender Parteien den Standard bilden, ihre Größe aber davon abhängt, ob die Koalitionsbedingungen 'normal' sind (in diesem Fall liegt keine interne oder externe Bedrohung für die demokratische Ordnung vor): Lijphart (1986), S. 52-58.

298 Vgl. Strom (1990), S. 8

299 Vgl. ebd., S. 37-55.

Zweitens variieren - wie bereits angedeutet - die Motivationen politischer Parteien. Wo sich die Akteure mehr für die Einflußnahme auf politische Inhalten interessieren, sind die Anreize zur Formierung einer Minderheitsregierung größer.

Drittens: Die Regierungsbeteiligung ist keine notwendige Voraussetzung zur Beeinflussung des politischen Outputs. Entscheidend wirkt sich das Machtgefälle zwischen Regierungs- und Oppositionsparteien aus; ist es niedrig, sinkt die Motivation zur direkten Partizipation. Als entscheidende Determinante für die Machtsituation nennt Strom die Art des parlamentarischen Entscheidungsprozesses:[300] Arbeitsparlamente, wo Beschlüsse primär in den Ausschüssen gefaßt werden, bieten der Opposition mehr Einflußmöglichkeiten als das klassische Redeparlament. Je mehr transformative Aufgaben das neuseeländische Parlament übernimmt[301], desto wahrscheinlicher ist eine Abschwächung der Asymmetrie von Regierungs- und Oppositionsparteien.

Mit Einführung des Verhältniswahlsystems stellte sich nun die Frage, wo sich Neuseeland innerhalb dieses theoretischen Feldes positionieren würde: Welche Strategien schlagen die Akteure ein, bilden sie eine Minderheits- oder eine Koalitionsregierung mit parlamentarischer Mehrheit? Zu welchen Allianzen wird es kommen und welche primären Ziele stecken sich die Parteien: Regierungsbeteiligung oder die maximale Durchsetzung von Politikinhalten?

6.2.2 Zum Bündnis zwischen *National* und *New Zealand First*

Alternativen

Nach dem Wahlausgang von 1996 gab es in Neuseeland eine Reihe von denkbaren Regierungsformationen; Tabelle 10 zeigt die Typen im einzelnen sowie die jeweilige parlamentarische Machtsituation mit entsprechender Sitzverteilung.

Die Exekutive bedarf zur effektiven Amtsausübung einer einfachen parlamentarischen Mehrheit; auch eine Minderheitsregierung kann mit der Unterstützung des Parlaments rechnen, solange sich eine ausreichende Anzahl von Oppositionsabgeordneten der Stimme enthält - eine Möglichkeit, die in Neuseeland erst durch die Neuordnung der parlamentarischen Geschäftsordnung geschaffen wurde.

---

300 Vgl. Strom (1990), S. 43.
301 Zur Parlamentsreform vgl. Kap. 5.4 „Die Neuordnung der parlamentarischen Arbeit".

Tab. 10: Regierungsoptionen nach der Wahl von 1996

Regierungstyp	Sitze	Unterstützung	Sitze	Enthaltung	Sitze	Opposition	Sitze	Effektive Regierungs-mehrheit
1. National/ NZ First Mehr-heitskoalition	**61**	ACT United	8 1 **9**	-	-	Labour Alliance	37 13 **50**	**20**
2. National/ NZ First Mehr-heitskoalition	**61**	-	-	ACT United	8 1 **9**	Labour Alliance	37 13 **50**	**11**
3. National Min-derheit	**44**	NZ First ACT United	18 8 1 **26**	-	-	Labour Alliance	37 13 **50**	**20**
4. National Minderheit	**44**	ACT united	8 1 **9**	NZ First	**17**	Labour Alliance	37 13 **50**	**3**
5. Labour Minderheit	**37**	NZ First Alliance	17 13 **30**	-	-	National ACT United	44 8 1 **53**	**14**
6. Labour Minderheit	**37**	NZ First	**17**	Alliance	**13**	National ACT United	44 8 1 **53**	**1**
7. Labour/ NZ First Minder heitskoalition	**54**	Alliance	**13**	-	-	National ACT United	44 8 1 **53**	**14**
8. Labour/ NZ First Minder heitskoalition	**54**	-	-	Alli ance	**13**	National ACT United	44 8 1 **53**	**1**

Quelle: Boston/ McLeay (1997), S. 11.
Anm.: Hervorhebungen (fett) d. d. Verf.

Für *National* stand die Option offen, mit der Unterstützung von ACT und *United* zu regieren;.dieses Bündnis hätte mit 53 Stimmen jedoch keine absolute Mehrheit gebracht. Eine Koalition mit *New Zealand First* bedeutete hingegen für *Na-*

tional eine wenn auch knappe parlamentarische Mehrheit bei der Beteiligung nur eines weiteren Akteurs (*minimum winning coalition*).
Die inhaltliche Orientierung von *New Zealand First* ließ eine Koalition mit *Labour* als naheliegend erscheinen (*connected coalition*). So plädierte die Partei für einen Stop der radikalen Deregulierungspolitik und fühlte sich stark dem öffentlichen Gesundheits- und Bildungssystem verpflichtet. Der Schwerpunkt auf sozialpolitische Themen führte wohl auch dazu, daß die Anhänger von *New Zealand First* in ihrer überwiegenden Mehrheit ein Bündnis mit *Labour* favorisierten.[302]
Auf der anderen Seite zeigte das Profil von *New Zealand First* einige Elemente, die mit dem Wunschpartner der Basis nur schlecht harmoniert hätten - wie z.B. der Ruf nach einer rigiden Beschränkung der Immigration, die starke Betonung von *Law-and-Order-* Themen sowie die nationalistische Forderung nach einer Limitierung ausländischer Direktinvestitionen in Neuseeland.[303]

Labour selbst war nicht in der Lage, eine Regierung mit parlamentarischer Mehrheit zu bilden - auch eine Kooperation mit *New Zealand First* hätte nur eine Minderheitsposition bedeutet. Ein anderer potentieller Regierungspartner, *Alliance,* hatte sich im Vorfeld der Wahl selbst ausgespielt, weil die Partei bereits im Wahlkampf von *Labour* eine gemeinsame Plattform verlangte. *Labour* wollte Verhandlungen jedoch erst nach dem Abstimmungsergebnis führen; so entschied *Alliance* vorab, nicht in eine Koalition einzutreten[304].

Entlang des dominanten Links-Rechts-Kontinuums fungierte die *New Zealand First Party* als "crucial 'median' legislator"[305] - sie hielt die Balance der Macht zwischen den beiden großen Parteien und befand sich insofern in einer äußerst privilegierten Situation. Für die Regierungsfähigkeit von *National* und *Labour* war die Partei von essentieller Bedeutung; dabei verfügte sie über die Wahlmöglichkeit, sich entweder als formeller Koalitionspartner anzubieten oder eine Minderheitsregierung zu tolerieren. *New Zealand First* hatte also eine Position im Zentrum des Verhandlungsprozesses inne, während die anderen kleinen Akteure - ACT, *United* und zu einem geringeren Ausmaß *Alliance* - an der Peripherie der Koalitionsgespräche standen.
Vor diesem Hintergrund boten sich im Oktober 1996 vier politisch realistische Regie- rungsoptionen:

- eine Mehrheitsregierung aus *National* und New *Zealand First*
- eine *National*-Minderheitsregierung (mit expliziter Unterstützung von *New Zealand First*, eventuell auch von ACT und *United*)

302 Im Verhältnis 5:1befürworteten sie ein Bündnis mit *Labour* vor einer Koalition mit *National.* Vgl. Boston (1997a), S. 6.
303 Zur populistischen Agenda der *New Zealand First Party* vgl. Miller (1997b).
304 Vgl. Boston (1997a), S. 4.
305 Ebd.

- eine *Labour*-Minderheitsregierung (mit expliziter Unterstützung von *Alliance* und *New Zealand First*)
- eine Minderheitsregierung aus *Labour* und *New Zealand First* (mit expliziter Unterstützung von *Alliance*).

Die Positionen der Parteien im Zentrum des Verhandlungsprozesses

National

Ein Bündnis mit *New Zealand First* bedeutete für *National* zunächst den Vorteil, den kleineren Akteur strategisch zu binden. *National* und weitere potentielle Koalitionspartner wie ACT oder *United* könnten dadurch auch für eine längere Periode eine parlamentarische Mehrheit halten. Dagegen bestand die Gefahr, daß zu viele inhaltliche Konzessionen von den Wählern negativ aufgenommen werden und eventuell einige strikt marktliberale Abgeordnete *Nationals* zu ACT abwandern. Der Wert, im Amt zu bleiben, mußte also gegen die Risiken politischer Verhandlungsbereitschaft abgewogen werden. Darüber hinaus ließ das schlechte Verhältnis zwischen Bolger und dem populistischen Führer von *New Zealand First*, Winston Peters, keine entspannte und vertrauenvolle Verhandlungsatmosphäre erwarten.[306]

Labour

Auch für *Labour* barg eine Vereinbarung mit *New Zealand First* Risiken. Am problematischsten war wohl der Punkt, daß mit scharfer Kritik von seiten der *Alliance* und damit einer ernsthaften Erschwerung der Regierungsarbeit zu rechen war - als neuralgischer Punkt hätte sich hier wohl insbesondere der repressive Weg der *New Zealand First Party* in Fragen der Einwanderungspolitik und Kriminalitätsbekämpfung erwiesen. Auf der anderen Seite schien eher *Labour* als *National* für ein Bündnis mit *New Zealand First* disponiert zu sein: So verbanden *Labour* und *New Zealand First* die programmatische Hervorhebung sozialstaatlicher Prinzipien und - daraus folgend - eine teils gemeinsame Wählerbasis.[307]

---

306 Der damalige Premier Bolger hatte Peters 1991 aus dem Kabinett entfernt, weil dieser die Regel der kollektiven Verantwortlichkeit mißachtet hatte. Peters war daraufhin aus der *National Party* ausgetreten und hatte eine eigene Partei gegründet: *New Zealand First*.

307 Zur disparaten Anhängerschaft von *New Zealand First* gehörten auch einkommensschwache jüngere Leute und die Maori - beide Gruppen repräsentierten bisher klassische Wählerschichten der *Labour Party*. Vgl. Boston (1997a), S. 5.

New Zealand First

New Zealand First ist nicht als typische Zentrumspartei in der europäischen Tradition zu beschreiben.[308] Gegründet von dem ehemaligen *National*-Abgordneten Winston Peters, entwickelte die Partei schnell ein Image als streng nationalistisch, populistisch und moderat protektionistisch. Ihr Feldzug gegen Korruption und den Mißbrauch von öffentlichen Geldern trug ihr zudem den Ruf ein, mit ihrer Kritik auch vor dem Establishment nicht Halt zu machen. In den Schlüsselfragen der Wirtschaft und der Sozialpolitik formulierte sie Antworten, die sonst eher im linken Lager zu finden waren. Dieses Amalgam sehr unterschiedlicher inhaltlicher Akzente machte es für andere Akteure schwer, *New Zealand First* als potentiellen Koalitionspartner einzuschätzen. Der bunt zusammengesetzte Politikrahmen spiegelte sich in der disparaten Anhängerschaft wieder: Sie bestand zum einen aus Rentnern, die über das Pensionsprogramm der *National Party* verärgert waren, aus jüngeren Leuten mit niedrigem Einkommen und aus Maori-Wählern. Ähnlich heterogen war die Zusammensetzung der *New Zealand First*-Fraktion: Sieben Abgeordnete kamen aus der *National Party*, weitere sieben waren Maori und mindestens fünf MPs hatten ehemals Verbindungen zur *Labour Party*. Für die beiden großen Parteien war es also in jeder Hinsicht fraglich, wo im politischen Spektrum sich *New Zealand First* langfristig positionieren würde - für den Fall, daß die Partei nicht nur ein kurzfristiges Phänomen bleibt.

Nach den oben skizzierten Ansätzen der *policy*-orientierten Koalitionstheorie war zu erwarten, daß sich *New Zealand First* einen Partner sucht, der in wichtigen Politikdimensionen ähnliche Strategien verfolgt. Die großen Gemeinsamkeiten mit *Labour* auf dem zentralen Feld der Wirtschafts- und Sozialpolitik hätten eine Allianz dieser beiden Parteien nahegelegt. *New Zealand First* strebte jedoch auch - ganz im Sinne von Riker - nach Partizipation und maximalem Einfluß in der Exekutive. Dieses Interesse hat die *National Party* im Laufe der Koalitionsverhandlungen entgegenkommender behandelt und darüber hinaus auch weitreichende inhaltlich Konzessionen gemacht.

Der Prozeß der Verhandlungsführung

Der Prozeß der Regierungsbildung kann nach Strom in fünf Stufen unterteilt werden:[309]

1. Bei einem relativ klaren Wahlergebnis fungiert der Vorsitzende der Mehrheitsfraktion als *formateur*, d. h., er trägt die Verantwortung für die Regierungsbildung. Bei unklaren Mehrheitsverhältnissen

---

308 Zum Folgenden vgl. Boston (1997a), S. 4 f.; Miller (1997b).

309 Vgl. Strom (1990), S. 25-27.

nimmt diese Aufgabe ein *informateur* wahr, welcher auf der Grundlage von Verhandlungsfähigkeit und persönlichem Prestige benannt wird und den Prozeß der Regierungsbildung unterstützt.

2. Verhandlungen zwischen den Parteien werden geführt. Diese konzentrieren sich auf die Festlegung von Politikinhalten und die Zuweisung von Portfolios. Typischerweise finden diese Gespräche nur auf Führungsebene der beteiligten Akteure statt.

3. Eine getroffene Vereinbarung wird dann den Fraktionen der jeweiligen Parteien zur Ratifizierung vorgelegt. Veränderungen des Koalitionsentwurfs sind in dieser Phase extrem schwierig.

4. Die neue Regierung wird vom Staatsoberhaupt formell eingesetzt.

5. Wenn es die Verfassung erfordert, stellt sich die neue Regierung einer Vertrauensabstimmung im Parlament.

In Ländern mit Verhältniswahlsystem dauert dieser Prozeß im Durchschnitt drei bis vier Wochen.[310] Die Verhandlungen finden in der Regel nur zwischen den Kernparteien (*core parties*) statt; periphere Parteien (*marginal parties*) werden nur wenn nötig konsultiert, etwa um eine Tolerierung der Koalition zu vereinbaren.[311]

In Neuseeland folgte der Regierungsbildungsprozeß in vielen Elementen dem internationalen Standard.[312] Nur drei von sechs Parteien waren in die Gespräche mit einbezogen, die Schlüsselfragen wurden von einer relativ kleinen Gruppe von Spitzenpolitikern geklärt und die Fraktionen wurden von Zeit zu Zeit konsultiert und schließlich zur Ratifikation des Verhandlungsergebnisses einbezogen.

Aber es zeigten sich auch einige wichtige Abweichungen vom sonst üblichen Muster. Anstatt mit Beginn des Verhandlungsprozesses einen *informateur* bzw. *formateur* zu ernennen, wurden den Parteien die Arrangements für die Gesprächsgestaltung selbst überlassen. Es gab keine zentrale Person, der die Verantwortung für eine Regierungsbildung zugefallen wäre. *New Zealand First* führte parallele Verhandlungen mit *Labour* und *National*. Zwar ist es international üblich, daß die Partei, die die Machtbalance hält, Gespräche mit potentiellen Partnern aus unterschiedlichen politischen Lagern abhält, doch laufen diese Un-

---

310 Vgl. Bergman (1993), Table 1, S. 288. Klammert man Kanada und Großbritannien aus Bergmans Katalog aus, so ergibt sich für 13 westeuropäische Staaten zwischen 1945 und 1987 eine durchschnittliche Dauer der Regierungsbildung von 25 Tagen.

311 Vgl. Strom (1990), S. 28 f.

312 Vgl. Boston (1997b), S. 100.

terredungen normalerweise sequentiell ab.[313] Gleichzeitige Verhandlungen sind typischerweise informell, hoch vertraulich und nur von kurzer Dauer. *New Zealand First* traf dagegen die bewußte und öffentlich angekündigte Entscheidung zur parallelen Gesprächsführung. Diese Taktik diente dem Ziel, die Ungewißheit über die eigene Koalitionspräferenz bei den anderen Akteuren zu steigern und somit maximalen Druck auf *Labour* und *National* ausüben zu können. Doch warum fügten sich die großen Parteien der Strategie von *New Zealand First*? Zunächst ist die Weigerung *Labours* zu erwähnen, in ein formelles oder informelles Bündnis mit *National* einzutreten;[314] beide Parteien hatten also keine andere Möglichkeit, als zu einer Einigung mit Winston Peters zu kommen. Eine parallele Verhandlungsführung hätten sie jedoch nicht akzeptieren müssen. Ist diese Entscheidung der Unerfahrenheit der Akteure zuzuschreiben, einer Fehleinschätzung der taktischen Fähigkeiten von *New Zealand First* oder einfach dem von Riker in den Mittelpunkt gerückten Streben nach der Regierungsübernahme? Tatsache ist, daß der parallele Verhandlungsprozeß einige Kritiker in ihren Vorbehalten gegenüber MMP bestätigt hat:[315] Ein kleiner Akteur gelangte dadurch in eine außerordentlich mächtige Position und konnte seine Interessen unverhältnismäßig stark durchsetzen.

Die Koalitionsvereinbarung

Die Koalitionsgespräche zwischen *National*, *Labour* und *New Zealand First* nahmen fast zwei Monate in Anspruch (21. Oktober -10. Dezember 1996) - ein extrem langer Zeitraum, gemessen am oben aufgeführten internationalen Durchschnitt. Ursache war der Wunsch von *New Zealand First*, daß das Koalitionspapier eine umfassende und inhaltsorientierte Vereinbarung darstellen sollte. Insbesondere die Vorsitzende der *Labour Party*, Helen Clark, hatte ein relativ kurzes Papier favorisiert, das weniger die politischen Details, sondern nur generelle Prinzipien festhalten sollte. Kurzfristig wurde zu den Verhandlungen zwischen *Labour* und *New Zealand First* auch *Alliance* hinzugezogen, um eine Unterstützung der Minderheitsregierung in zentralen Fragen zu vereinbaren. Einige Abgeordnete von *New Zealand First* bezweifelten jedoch den stabilisierenden Effekt einer von *Alliance* unterzeichneten Loyalitätserklärung; dieser Mangel an Vertrauen trug wesentlich dazu bei, daß sich Peters und seine Fraktion für eine Koalition mit *National* entschieden.[316]

---

313 "The process of government formation is best understood as a series of sequential decisions." (Strom (1990), S. 28.)

314 Entsprechende Angebote von Jim Bolger während der Wahlkampagne von 1996 wurden von Oppositionsführerin Helen Clark stets eindeutig zurückgewiesen. Vgl. Boston (1997b), S. 96.

315 Vgl. die Argumente zur ersten Referendumskampagne, S. 56 ff.

316 Die Übereinkunft über die Unterstützung einer Minderheitsregierung aus *Labour* und *New Zealand First* durch *Alliance* hatte keinen starken Verpflichtungscharakter; so konnte *Alliance* jederzeit seine Loyalität entziehen, wenn von dem Kurs der Regierung ein beachtlicher Schaden

Einigung in inhaltlichen und personellen Fragen

Von letztlich entscheidender Bedeutung war jedoch die Einigung in inhaltlichen und personellen Fragen. *National* war bereit, im Bereich der Wirtschafts- und Sozialpolitik einige signifikante Zugeständnisse zu machen. So wurde die Einführung einer zweiten Runde von Steuerkürzungen - für Mitte 1997 geplant - um ein Jahr verschoben[317], der Inflationsspielraum der *Reserve Bank* ausgeweitet[318] und die Beitragserhöhung zur Rentenversicherung (*superannuation surcharge*) mit Wirkung vom 1. April 1998 gestoppt.[319] *New Zealand First* setzte zudem durch, daß der Plan fallengelassen wurde, durch eine einmalige umfangreiche Zahlung alle Ansprüche der Maori für immer abzugelten.[320] Mit diesen und anderen Konzessionen verkürzte *National* die ideologische Distanz zu *New Zealand First* und neutralisierte damit den Startvorteil *Labours*. *New Zealand First* rückte ebenfalls von einigen Wahlkampfpositionen ab. Hervorzuheben ist hier insbesondere Winston Peters' persönliches Reformprojekt, eine verpflichtende Altersvorsorge auf der Basis von Einzahlungen in private Fonds (*compulsory superannuation*); in diesem Punkt einigten sich die Akteure auf die Abhaltung eines Referendums bis Ende September 1997.[321] Die im Koalitionspapier festgehaltenen Mehrausgaben bewegten sich insgesamt in sehr moderatem Rahmen[322] - an der konservativen Ausrichtung der Fiskalpolitik ist eindeutig die Handschrift *Nationals* ablesbar. *New Zealand First* gelang es offenbar nur in begrenztem Umfang, sozialpolitische Forderungen mit einer Erhöhung der staatlicher Leistungen zu unterfüttern.

Den größten Erfolg konnte *New Zealand First* in der Frage der Kabinettsposten verbuchen. Während sich *Labour* weigerte, Peters eine herausragende Rolle in der Finanzpolitik einzuräumen, gab *National* diesen Forderungen schließlich

---

für die Interessen des Landes zu erwarten war - ein breiter und beliebig auslegbarer Interpretationsspielraum deutete sich hier an. Vgl. Boston (1997b), S. 102.

317 Vgl. Coalition Agreement - New Zealand First and The National Party, 11.12.1996, Schedule A, S. 37. (= Coalition Agreement NZ First-National)

318 Er wurde von 0-2% auf 0-3% erhöht.
Vgl. Coalition Agreement NZ First-National, Schedule A, S. 33.

319 Vgl. ebd., Schedule A, S. 34.

320 Bekannt wurde dieses Vorhaben der *National Party* unter der Bezeichnung *fiscal envelope*. Vgl. ebd., Schedule A, S. 33.

321 Vgl. ebd., Schedule A, S. 12.

322 Vgl. Coalition Agreement NZ First-National, Schedule B (Hier sind die fiskalischen Parameter für 1997 bis 2000 festgelegt.); die grundlegenden Prinzipien des Koalitionspapiers verraten keine Abkehr von der klassisch monetaristischen Doktrin vorausgegangener *Labour*- und *National*-Regierungen: So verpflichtet sich die Regierung "To Provide sound, stable government on an agreed basis, implementing orthodox economic policies in line with or better than the best international practice for a forward looking, successful democracy." (Coalition Agreement NZ First-.National, 3.2c). Der nächste Absatz betont "a strong commitment to low inflation, prudent and conservative fiscal management and over time, lower taxes and reduced public debt" (Coalition Agreement NZ First-National, 3.2d).

nach. Das Finanzportfolio wurde geteilt:[323] Winston Peters bekam die wichtigere Position des *Treasurer*, der bis dahin amtierende Finanzminister Bill Birch war nunmehr (weiterhin als *Minister of Finance*) für Management und Kontrolle der öffentlichen Ausgaben zuständig.[324]
Darüber hinaus stimmte *National* einer Regelung zu, die ab Oktober 1998 eine Erhöhung der Regierungsämter von *New Zealand First* von neun auf elf vorsah.[325] Dies bedeutet eine prozentuale Erhöhung von 28% auf 42% und eine dann erhebliche Überrepräsentation des kleineren Koalitionspartners in der Exekutive im Vergleich zu seiner parlamentarischen Stärke. International üblich ist zumeist eine Anwendung der Proportionalitätsregel, d. h., Minister- und Mandatszahl einer Partei verhalten sich korrespondierend zueinander.[326] Kleinere Koalitionspartner erhalten dabei öfter einen Bonus, eine solch erhebliche Diskrepanz wie in Neuseeland kann jedoch als Ausnahme gelten.

Laver und Schofield befaßten sich intensiver mit solchen Abweichungen von der Proportionalitätsregel und identifizierten in diesem Zusammenhang einen zweiten Mechanismus der Portfoliozuweisung: die *Bargaining*-Norm.[327] In multipolaren und weniger stabilen Parteiensystemen - so ihr Erklärungsansatz - ist mit sehr viel höherer Wahrscheinlichkeit davon auszugehen, daß die Akteure ihre Verhandlungsmacht unabhängig von der Sitzverteilung in der Legislative ausspielen; die relative parlamentarische Stärke einer Partei spielt in diesem Fall eine nachrangige Rolle. In uni- oder bipolaren Konfigurationen, die von einer langfristigen Dominanz durch eine oder zwei Parteien gekennzeichnet sind, eignet sich dagegen die Proportionalitätsregel als bester Indikator für die Voraussage der Allokation von Regierungsämtern. Wie oben skizziert[328], präsentierte sich Neuseeland nach der Einführung des Proporzsystems als multipolares Gefüge, das hinsichtlich der Machtbeziehungen zwischen den Akteuren noch keine scharfen Konturen aufweisen konnte. Entwickelt Neuseeland ein bipolares Muster etwa nach bundesrepublikanischem Vorbild, wo sich zwei ungefähr gleichgewichtige politische Lager gegenüberstehen, so wäre nach Laver und Schofield eine Anwendung der Proportionalitätsregel zu prognostizieren. Bleibt die Parteienlandschaft vorerst instabil und multipolar, so daß Wahlergebnisse die Verhandlungslogik des Systems wesentlich beeinflussen können, dann dürfte die *Bargaining*-Norm auch künftig mit hoher Wahrscheinlichkeit angewandt werden.

---

323 Vgl. Coalition Agreement NZ First-National, 7.3(c).
324 Zur Zusammensetzung der neuseeländischen Regierung im Dezember 1996 vgl. Anhang H.
325 Vgl. Coalition Agreement NZ First- National, 7.3(b).
326 Vgl. Budge/ Keman (1990), S. 128-131.
327 Vgl. Laver/ Schofield (1990), S. 171-181.
328 Vgl. Kap. 6.1 "Das Parteiensystem".

Im Koalitionspapier wurde eine Größe der Exekutive mit 20 Ministern innerhalb und sechs Ministern außerhalb des Kabinetts festgelegt.[329] Neuseeland befindet sich damit in Übereinstimmung mit internationalen Standards. Nach einer Untersuchung von Mackie und Hogwood über die Kabinette 19 demokratischer Staaten in den frühen 1980er Jahren (einschießlich Neuseeland) betrug die durchschnittliche Zahl der Kabinettsminister 18, die von Ministern außerhalb des Kabinetts neun - so umfaßte die Exekutive im Mittel 27 Personen.[330] Die neuseeländische Regierung weicht auch von der üblichen Norm im eigenen Land kaum ab; seit 1984 hatten die Kabinette in Neuseeland typischerweise zwischen 18 und 20 Mitglieder mit ungefähr drei bis vier Ministern außerhalb des Kabinetts und einigen parlamentarischen Staatssekretären.[331] Die Exekutive wurde also nach der ersten MMP-Wahl nicht - wie von Peters und Bolger zuvor in öffentlichen Stellungnahmen gefordert[332] - verkleinert. Die einzige wesentliche Veränderung bestand darin, daß die Regierung in Relation zum Parlament schrumpfte. Es existierte nun ein größerer Talentpool für die Auswahl an Ministern; das Instrument der Patronage konnte nicht mehr ganz so wirkungsvoll eingesetzt werden wie unter den Bedingungen eines Parlaments mit nur 99 Abgeordneten und entsprechend kleinen Fraktionen.

Rückwirkungen auf die Akzeptanz des Wahlsystems in der Bevölkerung

Der Prozeß der Koalitionsvereinbarung zwischen *National* und *New Zealand First* stellte nicht nur ein Novum für die beteiligten Akteure dar, sondern ist auch als Testfall für die Legitimität des neuen Wahlmodus zu werten. Hat der Verlauf der Regierungsbildung die hohen Erwartungen, die in MMP gesetzt wurden, erfüllt? Hat er bei den Bürgern einen Rückgewinn an Vertrauen in das politische System bewirkt?

Zunächst machten die lange Verhandlungsphase und die absolute Geheimhaltung der Gesprächsinhalte den elitären Charakter der Regierungsbildung deutlich. Zwei Monate lang blieb die Öffentlichkeit im Unklaren über die Ergebnisse der Verhandlungen - ein Musterbeispiel für den Vorwurf, ein Verhältniswahlsystem würde die unmittelbare Verbindung zwischen Wählervotum und Regierungsbildung zerschneiden.
Darüber hinaus verstieß *New Zealand First* mit seiner Koalitionsentscheidung klar gegen die Präferenzen seiner Anhänger - wie oben erwähnt[333], favorisierten diese mit überwältigender Mehrheit ein Bündnis mit *Labour*. Vor der Wahl hatte sich *New Zealand First* als populistische Partei mit starker Verpflichtung gegen-

---

329 Vgl. Coalition Agreement NZ First-National, 7.3(a).
330 Vgl. Mackie/ Hogwood (1985), Table 2.1, S. 18.
331 Vgl. Boston (1990), S. 64 f.; McLeay (1995), S. 25.
332 Vgl. Boston (1997b), S. 104.
333 Vgl. Anm. 302.

über dem Wohlfahrtsstaat präsentiert; die Option für *National* beinhaltete indes eine Neupositionierung im Mitte-Rechts-Lager. Dieser für die Wähler unerwartete Richtungswechsel bedeutete einen partiellen Bruch von Wahlkampfversprechen und stellte somit eine Kontinuität zur Situation vor 1996 her. Meinungsumfragen zeigen einen dramatischen Fall der Sympathiewerte für die Partei von Winston Peters: Von über 13% im Oktober 1996 sank die Unterstützung auf 5% im April/Mai 1997 und erreichte im Oktober 1997 den marginalen Wert von 1-2%.[334] Bei den Wählern besteht nach wie vor das Gefühl, von der politischen Elite in ihren Präferenzen nicht berücksichtigt zu werden.[335] Künftig wird die Regierungsbildung - sollten Koalitionen zur Norm werden - jedoch immer einen teilweisen Rückzug der Parteien von programmatischen Entwürfen verlangen. Ob die Bürger bereit sind, auch diesen kritischen Aspekt des neuen Wahlsystems zu akzeptieren, hängt wohl vor allem von der Bewertung der allgemeinen Leistungsfähigkeit der Regierung ab.

Die Arbeitsweise des Kabinetts

Die erste Koalition nach Einführung von MMP erforderte nicht nur eine Einigung in inhaltlichen und personellen Fragen, sondern auch eine Neudefinition der Arbeitsweise innerhalb der Exekutive. Der Prozeß der Regierungstätigkeit in Westminster- Systemen ist nicht durch Gesetz, sondern durch Konvention geregelt, die vor Gericht nicht durchsetzbar sind, aber dennoch - aufgrund von Legitimität und Tradition - befolgt werden.[336] Das Kabinett in parlamentarischen Regierungssystemen läßt sich als Kollegialorgan begreifen, dessen Kernbestandteil das Prinzip der kollektiven Verantwortlichkeit bildet. In bezug auf Neuseeland ist diese Doktrin im *Cabinet Office Manual* folgendermaßen fixiert:

> "Decisions at Cabinet and Cabinet Committee meetings are usually reached by consensus. Votes are rarely taken. Once a decision has been made, however, it is to be supported collectively by all Ministers, regardless of their personal views and whether or not they were at the meeting concerned. The convention of collective responsibility is an essential underpinning of the system of Cabinet Government, whereby Minsters are required to advise the Souvereign (in practice, the Governor-General) on matters of public importance. Ministers whose oppo-

---

334 Vgl. *The Press*, 11. Oktober 1997.

335 In einer Meinungsumfrage von Oktober 1997 äußerten viele Bürger ihre Verärgerung über das Bündnis zwischen *National* und *New Zealand First*, so z. B. John van Montfort aus Waimangaroa: "They [the electors, d.Verf.] wanted National out, but because NZ First did a complete turn-around, National is in again and does what it likes." (*The Press*, 28. Oktober 1997)

336 "Conventions, not being laws, are unenforceable in the courts. They are obeyed for a variety of reasons: sheer inertia, habit, the desire to conform, or the belief that it is right and proper to obey them, or because politicians wish the machinery of government to go on." (Joseph (1993), S. 239.)

> sition to a Cabinet decision is such that they whish to publicly dissociate themselves from it must first resign from Cabinet."[337]

Die Vereinbarung zwischen *National* und *New Zealand First* bestätigte die fortdauernde Geltung des Prinzips der Geschlossenheit. Die beiden Parteien verpflichteten sich,

> "To act at all times in accordance with the letter and spirit of this agreement and endeavour with cooperation and consensus to fulfil the policies set out, putting aside the personality, party philosophical and day to day differences to give overriding priority to the interests of the Coalition."[338]

Um fundamentale Differenzen innerhalb der Regierung möglichst rasch beheben zu können, wurde ein sog. *Coalition Dispute Committee* eingerichtet, das aus den Parteichefs, ihren Stellvertretern und den Fraktionsvorsitzenden bestehen sollte.[339] Trotz dieser Sicherheitsvorkehrungen werden in Koalitionskabinetten mit größerer Wahrscheinlichkeit Unstimmigkeiten auftreten als in den Einparteienregierungen der FPP- Ära. Besonders vor Wahlen wird die Profilierung der einzelnen Akteure die gemeinsame Entscheidungsfindung und -vertretung erschweren. Minderheitsregierungen dagegen wirken auf die Exekutive tendenziell disziplinierend; hier ist das legislative Umfeld ohnehin labil genug - es bestehen daher geringe Anreize für einzelne Minister, aus der Kollektiventscheidung auszubrechen.
Das Prinzip der kollektiven Verantwortlichkeit ist vor allem dann schwer aufrechtzuerhalten, wenn eine Koalition aus Parteien mit konträren politischen Programmen besteht oder wenn die maßgeblichen Protagonisten sehr unabhängige, wenig konziliante Persönlichkeiten darstellen. Gegenwärtig verursacht der autoritäre und selbstherrliche Führungsstil von Winston Peters nicht nur Irritationen innerhalb der Koalition und seiner eigenen Partei, sondern auch ein desaströses Erscheinungsbild der *New Zealand First Party* bei den Wählern.[340] Dies hat natürlich Rückwirkungen auf das öffentliche Ansehen des neuen Wahlsystems - denn die derzeitige Regierung wird eher mit den Kategorien Dissens und Arroganz als mit Verantwortlichkeit und Konsensfindung verknüpft. Wie dringend

---

337 Cabinet Office (1991), Chapter 3, A4-A5. Das *Cabinet Office Manual* von 1991 entspricht in diesem Punkt der revidierten Fassung von 1996.

338 Coalition Agreement NZ First-National, 3.2(a).

339 Vgl. Coalition Agreement NZ First-National, 13.3, 13.4.

340 In der neuseeländischen Presse sind fast ausnahmslos negative Stellungsnahmen zu Winston Peters zu lesen: "Mr Peters's behaviour is confusing. Even his closest colleagues did not know which way he would jump. His eccentricities will not be tolerated forever and he risks splitting his ranks, if he has not already done so. Whatever Mr Peters does it will not save his party. NZ First is dog-tucker and Mr Peters's stocks have fallen so low he would probably struggle to hold his Tauranga seat. NZ First voters willing to declare themselves have become as rare as MMP supporters. After a year of scandal, arrogance, greed and ineptitude the New Zealand electorate is in a vengeful mood." (*The Press*, 17. November 1997)

erforderlich es ist, die enttäuschten Erwartungen in MMP doch noch zu erfüllen, äußerte sich in Jenny Shipleys erster Rede als Premierministerin[341] vor Vertretern ihrer Partei aus Auckland:

> "When National became the Government in 1990 we were faced with an economic crisis. Today we are faced with an emotional crisis. [...] To some extent the transition to the MMP political process has shaken the confidence of the public. Personality issues have dominated. The issues for real people have been eclipsed. Government intends to turn that impression around. [...]
>
> To those who are preoccupied with division, yes there are differences, but MMP government requires us to focus on what we can agree in common in order to make progress, rather than becoming paralysed by what divides us.
>
> Finding the common ground so that we can deliver a progressive economic and social programme is where I intend to put our energies. [...]
>
> To those who think minority government is an easy desirable alternative, I say look around the world at the history and success, or should I say, failure of such an option. [...]
>
> Effective political parties of the future will be those that demonstrate that they can make coalition government work when New Zealanders have expressed their preference throgh their list vote."[342]

Für die Kohäsion einer Regierung ist die Person des Premierministers von zentraler Bedeutung. In einer Mehrparteienregierung kann Geschlossenheit jedoch nicht mehr über die absolute Dominanz der Spitze erreicht werden - statt dessen ist der Premier als Vermittler, Schiedsrichter und Verhandlungsführer gefragt. In der Ära von *First- Past-the-Post* gehörte es zu den wichtigsten Aufgaben des Regierungschefs, das System der Kabinettsausschüsse festzulegen - hier lag für ihn gleichzeitig die größte Chance zur Ausübung von Patronage. Seit der ersten MMP-Wahl nehmen mehrere Akteure an der Regierung teil; die Strukturierung der Ausschüsse bleibt nun dem *Bargaining* zwischen den Parteien vorbehalten. Die Koalitionsvereinbarung von Dezember 1996 gibt hierzu folgende Direktiven:

> "Cabinet Committees will comprise at least two members, one from each party, with additional members as agreed by the Coalition partners from time to time."[343]

In den Kabinettsausschüssen finden die wegweisenden Entscheidungen einer Regierung statt.[344] Hier können die Koalitionspartner ihre jeweiligen inhaltlichen

---

341 Jim Bolger wurde im Dezember 1997 als Premierminster von der bisherigen Verkehrs- und Frauenministerin Shipley abgelöst.

342 People, Politics, Principles and Partie. Adress by the Hon Jenny Shipley Prime Minister, to the Auckland National Party, 9.12.1997.

343 Coalition Agreement NZ First-National, 7.4(ii).

Prioritäten geltend machen. Insbesondere auf dieser Ebene der Exekutive müssen also - sollten Mehrparteienregierungen unter MMP künftig die Norm sein - konsultative Spielregeln entwickelt werden. Ergänzend zu den gemeinsamen Regierungsgremien werden sich eigene Ministerrunden der jeweiligen Koalitionspartei etablieren, um die Agenda für die Kabinettsrunden vorab zu diskutieren. Auch unter den Bedingungen von MMP wird die Kabinettsregierung ein zentrales Merkmal Neuseelands bleiben. Es ist jedoch davon auszugehen, daß kooperative Entscheidungsmechanismen in einem multipolaren Akteurfeld funktionale Bedeutung erhalten und so die zentralistischen Tendenzen der FPP-Ära ablösen oder zumindest korrigieren.

Die Regierungsstabilität

Ist Pluralität zwangsläufig mit Instabilität verknüpft? In der Referendumskampagne von 1993 warnten die Kritiker eines Verhältniswahlsystems mit Blick auf Italien vor einem häufigen Regierungswechsel.[345] Um die Folgen von MMP prognostizieren zu können, ist zunächst der Begriff der Regierungsstabilität präzise zu fassen. Lijphart hat hier als erster intensive Definitionsarbeit geleistet.[346] Er mißt Regierungsstabilität anhand der zeitlichen Dimension und führt vier zentrale Kriterien an, die die Dauer eines Kabinetts verkürzen können:[347]

1. ein Wandel in der Parteienzusammensetzung
2. eine Veränderung im Koalitionsstatus des Kabinetts (hier ist die Veränderung der Kabinettstypen gemeint: *minimal winning*, *oversized*, *undersized cabinets*)
3. ein Wechsel des Premierministers
4. eine intervenierende Parlamentswahl

In einer von Lijphart nach diesen Faktoren erstellten Rangliste, die die durchschnittliche Kabinettsstabilität in 20 Demokratien zwischen 1945 und 1980 anzeigt, nimmt Neuseeland den siebten Platz ein.[348] Auffällig ist, daß sich auch die anderen drei im Vergleich mit einbezogenen Westminster-Staaten Australien, Kanada und Großbritannien im Spitzen- oder Mittelfeld bewegen. Die vergleichende Politikwissenschaft bietet drei Erklärungshypothesen für die unterschiedliche Stabilität von Kabinetten. Thesenartig lassen sich die Ansätze wie folgt zusammenfassen:[349]

---

344 Vgl. McLeay (1995), S. 78-107.
345 Vgl. Kap. 4.3.2 "Argumente".
346 Vgl. Lijphart (1984b).
347 Vgl. ebd., S. 271.
348 Vgl. Lijphart (1984b), Table 2, S. 273.
349 Vgl. ebd., S. 275.

1. Einparteienkabinette sind stabiler als Koalitionskabinette.
2. *Minimal winning cabinets* sind stabiler als *oversized cabinets*.
3. Kabinette in Systemen mit zwei oder relativ wenigen Parteien sind stabiler als Kabinette in Mehrparteiensystemen.

Lijphart testete diese Hypothesen und fand alle der hier aufgeführten in der Empirie bestätigt.[350] Damit ist die Aussage zulässig, daß Neuseeland seine Position im Spitzenfeld der Kabinettsstabilität nach der Wahlreform nicht halten kann; denn Koalitionen und ein plurales Parteiensystem werden künftig mit großer Wahrscheinlichkeit die politische Landschaft Neuseelands prägen. Einschränkend ist jedoch darauf hinzuweisen, daß auch ein Verhältniswahlsystem nicht notwendigerweise zu häufig wechselnden Regierungsformationen führt; dies zeigt allein schon der hohe Grad an Kabinettsstabilität in Ländern wie Österreich oder Schweden.
Die Erkenntnisziele in der akademischen Literatur zu diesem Thema variieren oft. Einige Politologen befassen sich mit der Überprüfung von Koalitionstheorien, einige mit der Rolle der Regierung und wieder andere mit der Regimestabilität insgesamt. Jede dieser Fragestellungen erfordert einen anderen theoretischen Ausgangspunkt. Um diesen unterschiedlichen Anforderungen zu genügen, hat Lawrence Dodd vorgeschlagen, den Begriff *cabinet durability* in drei Teilaspekte zu zerlegen:[351]

1. Parteistabilität (*partisan durability*):
   Dieses Kriterium fragt danach, wie lange eine bestimmte Partei im Amt bleibt.
2. Koalitionsstabilität (*coalition durability*):
   Dieses Kriterium bezieht sich auf die Amtszeit einer bestimmten Gruppe von Parteien.

3. Führerstabilität (*leadership durability*):
   Dieses Kriterium betrachtet die Zeit, die der Premierminister im Amt ist.

Eine umfassende Beurteilung Neuseelands nach diesen drei Formen der Regierungsstabilität ist zum gegenwärtigen Zeitpunkt noch nicht möglich. Jüngste Entwicklungen deuten jedoch darauf hin, daß die weniger dominante, da in ein machtteiliges Verhältnis eingebettete Stellung des Premiers die *leadership durability* reduzieren wird. So kündigte der damalige Premierminister Jim Bolger am

350 Zu Hypothese 1 vgl. ebd., Table 4, S. 275. Zu Hypothese 2 vgl. ebd., Table 5, S. 276; hier bestätigte sich, daß *minimum winning coalitions* stabiler als *oversized cabinets* sind; Minoritätsregierungen nehmen eine Zwischenposition ein. Zu Hypothese 3 vgl. ebd., Table 6, S. 277.
351 Vgl. Dodd (1984), S. 160.

3. November 1997 seinen Rücktritt an; er reagierte damit auf scharfe innerparteiliche Kritik. Am darauffolgenden Tag gewann die bisherige Verkehrs- und Frauenministerin Shipley die Wahlen zum Vorsitz der *National Party* und wurde am 8. Dezember als neue Premierminsterin Neuseelands vereidigt.[352] Hintergrund des Führungswechsels waren verheerend schlechte Ergebnisse in Meinungsumfragen: Im Oktober 1997 äußerten nur 10 von 817 Personen Zufriedenheit mit der Regierungsleistung. Nur 30 Befragte gaben an, daß sie nach wie vor Jim Bolger als Premierminister favorisieren; die *Labour*-Vorsitzende Helen Clark wurde dagegen von 235 genannt, *Alliance*-Chef Jim Anderton von 137.[353] Die öffentliche Meinung als intervenierende Variable kann auch für die *coalition durability* von Bedeutung sein. So ließ das geringe Ansehen von *New Zealand First* Teile der Partei darüber nachdenken, ob es statt einer Fortsetzung des Regierungsbündnisses sinnvoller sei, eine von *Labour* geführte Minderheitsregierung zu unterstützen.[354]

Welcher Regierungstyp sich als Norm eines Landes etabliert, hängt von verschiedenen Faktoren ab: von der politischen Tradition eines Landes, von den Verfassungsbestimmungen und -konventionen sowie von der Struktur der Parteiensystems. Die konstitutionellen Regelungen in Neuseeland - oder treffender ihre Abwesenheit, denn das Kabinett bedarf keiner expliziten Billigung durch das Parlament - erleichtern Minderheitsregierungen. Andererseits blickt der Pazifikstaat auf eine lange Tradition von Mehrheitsregierungen zurück; dementsprechend favorisieren die maßgeblichen Akteure - wie Premierministerin Shipley, die ihre politische Sozialisation zu Bedingungen von FPP durchlaufen hat - diese Option. Ob Neuseeland langfristig einen neuen historischen Pfad beschreitet, steht in engem Zusammenhang mit der erfolgreichen Herausbildung einer Koalitionskultur. Zum April 2000 wird ein Ausschuß ernannt, der sich mit der Wirkungsweise von MMP beschäftigen und bis zum 1. Juni 2002 Empfehlungen zur Notwendigkeit einer erneuten Volksabstimmung abgeben soll. Der Zeitraum zur Anpassung der Verhaltensstrategien ist also kurz, und es bleibt abzuwarten, ob nicht am Ende externe Faktoren, wie die ökonomischen Rahmendaten, über die Fortdauer des Experiments *Mixed Member Proportional* entscheiden.

---

352 Zur Zusammensetzung der neuen Regierung ab 08.12.1997 vgl. Anhang I.

353 Vgl. *The Press*, 28. Oktober 1997.

354 Neil Kirton schlug im November 1997 vor, aus der Koalition mit *National* auszusteigen und statt dessen eine *Labour/Alliance*- Regierung zu tolerieren. Abgesehen von der Tatsache, daß dieses Ansinnen wohl kaum auf große Sympathien bei *Labour* gestoßen wäre, wurde es von Winston Peters umgehend zurückgewiesen. Vgl. *The Press*, 15. November 1997.

7 Neuseeland nach der Änderung des konstitutionellen Designs

7.1 Demokratische Staaten zwischen Majoritäts- und Konsensmodell

Demokratien können als normative, präskriptive und empirische Modelle formuliert werden. Die polyarchische Auffassung - wie sie eingangs nach Robert A. Dahl vorgestellt wurde - versteht Demokratie als Herrschaft auf Zeit gewählter Eliten. In Abhängigkeit von der Struktur der Gesellschaft gibt es unterschiedliche Wege, diesem Ideal zu entsprechen. Das Lijphartsche Majoritäts- bzw. Konsensmodell gibt dazu Regeln an die Hand, da jedes dieser Konzepte eine Reihe von grundlegenden Alternativen enthält, ein demokratisches System einzuführen oder zu stabilisieren. Die empirische Welt hat Lijphart im Rahmen einer Faktorenanalyse in neun Gruppen unterteilt; Tabelle 11 präsentiert hierzu eine Gesamtklassifikation:

Tab. 11: Neun Gruppen demokratischer Regime

		Dimension II		
		Majoritätsmodell	*Zwischenstufe*	*Konsensmodell*
	Majoritätsmodell	Neuseeland Großbritannien	Irland	Australien *Österreich* *Kanada* *Deutschland* *USA*
Dimension I	*Zwischenstufe*	Island *Luxemburg*	*Frankreich V* Norwegen Schweden	*Italien* Japan
	Konsensmodell	Dänemark *Israel*	*Belgien* *Finland* *Frankreich IV* *Niederlande*	*Schweiz*

(1) Plurale und semiplurale Gesellschaften sind kursiv gesetzt.
(2) Die 'Zwischenstufe' umfaßt Länder mit einem Faktorwert von -0.5 bis 0.5.
Quelle: Lijphart (1984a), S.219.

Anm.:
(1) Lijpharts Faktorenanalyse verarbeitet folgende Kriterien: Prozentsatz an *minimal winning cabinets*, durch schnittliche Regierungsstabilität, effektive Anzahl der Parteien, Anzahl der Konfliktdimensionen, Disproportionalität des Wahlsystems (Dimension I); Unikameralismus, Grad der Zentralisierung, konstitutionelle Flexibilität (Dimension II). Nach diesen Kriterien errechnet er für die angeführten Regime jeweils einen Faktor wert. Werte gößer als 1 (Majoritätsm.) oder weniger als -1 (Konsensm.) deuten eine sehr starke Position an, Werte nahe an 0 signalisieren eine Zwischenstellung.
(2) In pluralen oder semipluralen Gesellschaften haben religiöse, sprachliche, ethnische oder ideologische Differenzen zur Bildung separater Subgesellschaften mit jeweils eigenen Netzwerken geführt.
(3) Frankreich IV: Vierte Republik (1944-1958) mit indirekt gewähltem Präsidenten und Verhältniswahlsystem; das eigentliche Gewicht liegt bei der Nationalversammlung. Frankreich V: Fünfte Republik (ab 4.10.1958) mit Volkswahl des Präsidenten und Mehrheitswahlsystem; starkes Gewicht beim Präsidenten.

Die *Cluster*-Bildung eröffnet interessante Gemeinsamkeiten zwischen den Ländern der einzelnen Kategorien: Erstens zeigt sich eine klare, wenn auch nicht perfekte Beziehung zwischen sozialer Pluralität und Regimetyp: Heterogene Gesellschaften funktionieren mit höherer Wahrscheinlichkeit nach den Regeln der Konsensdemokratie. Wie an Neuseeland gezeigt, ist Lijpharts Homogenitätsbegriff jedoch als nur unscharfes Meßkriterium zu werten; so wurden die Maori nicht als separate Sub- Gesellschaft mit eigenen Formen der politischen und kulturellen Organisation identifiziert. Zweitens scheint die Bevölkerungsgröße ein Rolle zu spielen: Kleine Länder sind überproportional häufig in der linken Säule zu finden, folgen also ganz dem Majoritätsmodell oder weisen zumindest eine unitarisch-unikamerale Struktur auf. Drittens manifestiert sich in der Tabelle der starke Einfluß des Westminster-Modells in Ländern mit britischem kulturellen Erbe, denn es verläuft eine eindeutige Trennlinie zwischen den angloamerikanischen Staaten und allen anderen Ländern. Eine ähnliche Tendenz zur regional-kulturellen Gruppenbildung weisen die Benelux- und die skandinavischen Staaten auf.

7.2 Das Wellington-Modell

Wie in den einleitenden Ausführungen beschrieben, verfolgt Neuseeland traditionell einen eigenständigen konstitutionellen Weg - die Klassifikation als reine Ausprägung des Westminster-Modells entsprach nie der politisch-historischen Realität. Durch die Adaption eines Verhältniswahlsystems hat Neuseeland einen weiteren Schritt in Richtung Konsensdemokratie unternommen und kann gegenwärtig - in Anknüpfung an die Faktorenanalyse Lijpharts - folgendermaßen porträtiert werden:

1. Im Gegensatz zur Tendenz des Westminster-Modells, die exekutive Macht bei einer Partei mit absoluter Mandatsmehrheit zu konzent-

rieren, partizipieren nun zwei Parteien an der Regierung. *National* und *New Zealand First* haben sich im Rahmen einer Koalition die Macht nach dem *Bargaining*-Prinzip geteilt.

2. Die Fusion der Gewalten bleibt durch die gemeinsame Legitimationsquelle von Parlament und Regierung grundsätzlich aufrechterhalten. Die Dominanz der Exekutive ist zwar durch die Vergrößerung des Parlaments auf 120 Abgeordnete und die Reform des parlamentarischen Prozedere abgeschwächt; die asymmetrische Machtbeziehung zwischen Exekutive und Legislative ändert sich jedoch nicht, wenn - wie gegenwärtig - eine absolute Regierungsmehrheit besteht.
3. Auf Mandats- und Stimmenebene existiert ein Mehrparteiensystem, ohne daß einer der Akteure an einen Majoritätsstatus heranreicht.
4. Die Gesellschaft weist mehrere politisch signifikante Konfliktlinien auf. Da gegenwärtig nur zwei Dimensionen aktiv sind, bleibt die Pluralität des Parteiensystems moderat.
5. Das neue Wahlsystem *Mixed Member Proportional* läßt zu, daß soziale Konfliktlinien in die Konfiguration des Parteiensystems übersetzt werden.
6. Der Unikameralismus bleibt als Baustein des Westminster-Systems bestehen. Versuche des politischen Establishments, die Wiedereinführung einer zweiten Kammer zu initiieren, wurden aufgrund der geringen öffentlichen Unterstützung fallen- gelassen.[355]
7. Der Unitarismus wurde in den letzten Jahren durch die Installierung regionaler Verwaltungsebenen ergänzt, die legislative Autorität liegt jedoch nach wie vor allein bei der Zentralregierung.[356]
8. Das Prinzip der Parlamentssouveränität unterliegt traditionell verschiedenen Einschränkungen: Die zunehmende Anwendung des *judicial review*, der explizite Minderheitenschutz und die Instrumente der direkten Demokratie konkurrieren mit der formal noch gültigen Suprematie der Legislative.

---

355 In den frühen 1990er Jahren sprach sich der damalige Premierminister Bolger wiederholt für die Einrichtung einer zweiten Kammer aus und versuchte dadurch eine Reform des Wahlsystems abzuwenden. Vgl. Jackson (1994), S. 339.

356 Das *Resource Management Act* von 1991 etablierte eine neue Ebene der subnationalen Verwaltung, die des *regional government*. Ziel war es, den Wasserverbrauch einer Region effizienter managen zu können. Regionale Wasserbehörden wurden im Zuge dieser Reform durch direkt gewählte Behörden ersetzt. Vgl. Palmer/ Palmer (1997), 216 f.

Die Reform einer zentralen politischen Institution - des Wahlverfahrens - hat wesentliche Elemente des neuseeländischen Systems näher an das Lijphartsche Konsensmodell herangeführt. Analog zu anderen ehemaligen Überseekolonien Großbritanniens hat Neuseeland damit ein eigenes Demokratiekonzept entwickelt.[357] Australien und Kanada verfügen über eine bikamerale Parlamentsstruktur, einen föderativen Staatsaufbau und die Möglichkeit des *judicial review* - damit repräsentieren sie die Dimension II des Lijphartschen Konsensmodells. Neuseeland wählte einen anderen Weg der Machtteilung: das neue Verhältniswahlsystem bildet den Katalysator für eine Pluralisierung des Parteiensystems und eine Aufsplittung der exekutiven Gewalt - die grundsätzliche Dominanz der Regierung über das Parlament ist damit jedoch nicht aufgehoben. So ist die Herausbildung konsensueller Mechanismen entscheidend davon abhängig, welche Handlungsmuster die politischen Akteure auf Grundlage der neuen Strukturen entwickeln. Im Unterschied zu Australien und Kanada, wo die föderale Organisation und eine kodifizierte Verfassung zu den Grundpfeilern des politischen Systems gehören, ist das *Wellington-Modell* damit wesentlich konfliktanfälliger - es kann nicht ausgeschlossen werden, daß die Verhaltenslogik der Mehrheitsregel auch künftig Anwendung findet.

Im Verhältnis zu Großbritannien setzt die Wahlreform dagegen eine klare Zäsur: Sie bedeutet einen weiteren Schritt zur Konstruktion einer unabhänigen und selbstbewußten nationalen Identität. Wird *Mixed Member Proportional* ein Erfolg, so könnte es einen ähnlichen Status genießen wie die Antinuklearpolitik des Landes, welche als Symbol für die Beendigung des imperialen Erbes gilt.

---

357 Literatur zum Westminster-Modell in vergleichender Perspektive liegt bisher kaum vor; zu Kanada vgl. Butler (1973).

8 Ausblick

Die Etablierung eines neuen Wahlsystems führt unausweichlich zu einem temporären Rückgang an politischer Stabilität. Taagpera und Shugart weisen darauf hin, daß Parteien und Wähler zunächst in einen Lernprozeß eintreten und eine Periode der Enttäuschung und Frustration überwinden müssen.[358] Sollte das neue Verfahren klare Vorteile zeigen, so könnte erfolgreich eine neue Phase der Stabilität beginnen. Dies - so die Autoren - sei jedoch selten der Fall.

Neuseeland befindet sich zum gegenwärtigen Zeitpunkt in solch einer Übergangsphase. Nur 17 Monate nach der ersten MMP-Wahl gibt es bereits neue Überlegungen für eine institutionelle Reform.[359]
Neil Kirton, ehemaliger Minister und Abgeordneter von *New Zealand First*, plädiert für eine Abschaffung des Kabinetts und die Ersetzung durch einen parteiübergreifenden Ausschuß. Der Premierminister sollte nicht vom Vorsitzenden der größten Partei gestellt, sondern vom Volk direkt gewählt werden. Kirtons Vorschlag ist fernab jeder Realisationschance, kann aber als Indiz dafür gelten, daß auch innerhalb der neuen MMP-Regierung noch nicht in ausreichendem Maße kooperative Verhaltensformen entwickelt wurden. Mehr Aussicht auf Erfolg hat der Vorschlag von Premierministerin Shipley, das Abgeordnetenhaus von 120 auf 100 MPs zu verkleinern. Für eine entsprechende legislative Änderung wäre nicht einmal eine 2/3-Mehrheit im Parlament notwendig, da die Anzahl der Listenmandate - anders als die der Wahlkreissitze - nicht unter den Schutz der *Entrenchment*-Klausel fällt. Shipley begründet ihre Initiative mit dem Kostenargument: 14 Millionen NZ$ - so die Rechnung - würde die Reduzierung jährlich einsparen. Die endgültige Entscheidung über die Parlamentsgröße wird wohl auch die Stimmung in der Bevölkerung berücksichtigen; im politischen Establishment kann die Premierministerin indes auf eine Reihe von Verbündeten hoffen. Allein Repräsentanten der *Alliance Party* profilieren sich derzeit als Verfechter des Status quo.[360]

In Meinungsumfragen stagniert die Unterstützung für MMP bei 30% - ein Wert, der erheblich unter dem Zustimmungsniveau von 1993 liegt.[361] Dagegen wollen sich die meisten Neuseeländer eine erneute Reformoption offenhalten: 80% plä-

358 Taagepera/ Shugart (1989), S. 218.

359 Zum Folgenden vgl. *The Press*, 7. Februar 1998.

360 So z. B. der *Alliance*- Abgeordnete und ehemalige Sprecher der *Electoral Reform Coalition*, Rod Donald, der das MMP-System und das vergrößerte Parlament als Chance zu mehr Demokratie und einer effizienteren Kontrolle der Exekutive verteidigt: "[...] the voting system had delivered, but politicians had not [...]." (*The Press*, 14. Oktober 1997)

361 Vgl. *The Press*, 15. November 1997.

dierten im November 1997 für die Abhaltung eines Referendums im Jahr 2002, um über die weitere Zukunft des Verhältniswahlsystems zu entscheiden. Diese Akzeptanzmängel zeigen: Allein durch den Wechsel des Wahlverfahrens ist eine tiefsitzende Legitimitätskrise nicht zu beheben; erst verantwortliches Agieren der politischen Entscheidungsträger kann neues Vertrauen bei der Bevölkerung schaffen. In der Abschätzung der weiteren Perspektive dürfen externe Faktoren jedoch nicht vernachlässigt werden. Denn: *Mixed Member Proportional* entstand unter anderem als unbeabsichtigte Nebenfolge einer ökonomischen Umstrukturierung. Auch künftig ist es zweifelhaft, ob die wirtschaftliche Entwicklung den Akteuren genügend Raum läßt, den politischen Prozeß auf die Grundlage eines neuen konsensuellen Paradigmas zu stellen.

9 Anhang

A: Wahlergebnisse 1935-1996

		% Stimmen	Sitze	% Sitze
1935				
	Labour	46,1	53	66,3
	National	32,9	19	23,8
	Ratana	1,0	2	2,5
	Country	2,5	2	2,5
	Democrat	7,9	0	0,0
	Andere	9,7	4	5,0
1938				
	Labour	55,8	53	66,3
	National	40,3	25	31,3
	Andere	3,9	2	2,5
1943				
	Labour	47,6	45	56,3
	National	42,8	34	42,5
	Democratic Labour	4,3	0	0,0
	Andere	5,4	1	1,3
1946				
	Labour	51,3	42	52,5
	National	48,4	38	47,5
	Andere	0,3	0	0,0
1949				
	Labour	47,2	34	42,5
	National	51,9	46	57,5
	Andere	1.0	0	0,0
1951				
	Labour	45,8	30	37,5
	National	54,0	50	62,5
	Andere	0,2	0	0,0
1954				
	Labour	44,1	35	43,8
	National	44,3	45	56,3
	Social Credit	11,1	0	0,0
	Andere	0,5	0	0,0
1957				
	Labour	48,3	41	51,3
	Nationa	44,2	39	48,8
	Social Credit	7,2	0	0,0
	Andere	0,3	0	0,0
1960				
	Labour	43,4	34	42,5
	National	47,6	46	57,5
	Social Credit	8,6	0	0,0
	Andere	0,4	0	0,0

		% Stimmen	Sitze	% Sitze
1963				
	Labour	43,7	35	43,8
	National	47,1	45	56,3
	Social Credit	7,9	0	0,0
	Andere	1,3	0	0,0
1966				
	Labour	41,4	35	43,8
	National	43,6	44	55,0
	Social Credit	14,5	1	1,3
	Andere	0,4	0	0,0
1969				
	Labour	44,2	39	46,4
	National	45,2	45	53,6
	Social Credit	9,1	0	0,0
	Andere	1,5	0	0,0
1972				
	Labour	48,4	55	63,2
	National	41,5	32	36,8
	Social Credit	6,7	0	0,0
	Values	2,0	0	0,0
	New Democrat	0,7	0	0,0
	Andere	0,9	0	0,0
1975				
	Labour	39,6	32	36,8
	National	47,6	55	63,2
	Social Credit	7,4	0	0,0
	Values	5,2	0	0,0
	Andere	0,2	0	0,0
1978				
	Labour	40,4	40	43,5
	National	39,8	51	55,4
	Social Credit	16,1	1	1,1
	Values	2,4	0	0,0
	Andere	1,3	0	0,0
1981				
	Labour	39,0	43	46,7
	National	38,8	47	51,1
	Social Credit	20,7	2	2,2
	Values	0,2	0	0,0
	Andere	1,4	0	0,0
1984				
	Labour	43,0	56	59,0
	National	35,9	37	39,0
	Social Credit	7,6	2	2,1
	NZ Party	12,3	0	0,0
	Values	0,2	0	0,0
	Andere	1,0	0	0,0

		% Stimmen	Sitze	% Sitze
1987				
	Labour	48,0	57	58,8
	National	44,0	40	41,2
	NZ Party	0,3	0	0,0
	Mana Motuhake	0,5	0	0,0
	Democrats	5,7	0	0,0
	Values	0,1	0	0,0
	Andere	1,4	0	0,0
1990				
	Labour	35,1	29	29,2
	National	47,8	67	69,1
	Green	6,8	0	0,0
	NewLabour	5,2	1	1,0
	Democrats	1,7	0	0,0
	Social Credit	1,0	0	0,0
	NZ Party	0,0	0	0,0
	Mana Motuhake	0,6	0	0,0
	Andere	1,8	0	0,0
1993				
	Labour	34,7	45	45,5
	National	35,1	50	50,5
	Alliance	18,2	2	2,0
	NZ First	8,4	2	2,0
	Andere	3,7	0	0,0

1996	Wahlkreis-stimmen %	Wahlkreis-sitze	Listen-stimmen %	Listen-sitze	Sitze (total)	Sitze (total) %
National	33,9	30	33,8	14	44	36,7
Labour	31,1	26	28,2	11	37	30,8
NZ First	13,5	6	13,4	11	17	14,2
Alliance	11,3	1	10,1	12	13	10,8
ACT	3,8	1	6,1	7	8	6,7
United	2,1	1	0,9	0	1	0,8
Christian Coalition	1,6	0	4,3	0	0	0,0
Andere	2,7	0	3,2	0	0	0,0

Quellen: 1935-1993: The New Zealand Politics Source Book (1994), S. 121-127; 1996: Levine/ Roberts (1997), S. 227.

B: Regierungen in Neuseeland, 1935-1996

	Partei	Premierminister
1935-1938	Labour	Michael Savage
1938-1943 [1]	"	Michael Savage ab April '40: Peter Fraser
1943-1946	"	Peter Fraser
1946-1949	"	"
1949-1951 [2]	National	Sidney Holland
1951-1954	"	"
1954-1957	"	Sidney Holland ab Dezember '57: Keith Holyoake
1957-1960	Labour	Walter Nash
1960-1963	National	Keith Holyoake
1963-1966	"	"
1966-1969	"	"
1969-1972	"	Keith Holyoake ab Februar '72: John Marshall
1972-1975	Labour	Norman Kirk ab September '74: Wallace Rowling
1975-1978	National	Robert Muldoon
1978-1981	"	"
1981-1984	"	"
1984-1987	Labour	David Lange
1987-1990	"	David Lange ab August '89: Geoffrey Palmer ab September'90: Mike Moore
1990-1993	National	Jim Bolger
1993-1996	"	"
1996-	National & New Zealand First	Jim Bolger ab 08.12.97: Jenny Shipley

[1] Wahl von 1941 auf Grundlage von Allparteienkonsens verschoben
[2] Vorgezogene Neuwahlen durch National

C: Anteil der Drittparteien an den gültigen Stimmen in %, 1935-93

Wahljahr	1935	1938	1943	1946	1949	1951	1954	1957	1960	1963	1966	1969	1972	1975	1978	1981	1984	1987	1990	1993
Ratana	1,0																			
Country	2,5																			
Democrat	7,9																	5,7	1,7	
New Democrat													0,7							
Democratic Labour			4,3																	
New Labour																			5,2	
Social Credit							11,1	7,2	8,6	7,9	14,5	9,1	6,7	7,4	16,1	20,7	7,6		1,0	
Values													2,0	5,2	2,4	0,2	0,2	0,1		
Mana Motuhake																		0,5	0,6	
New Zealand Party																	12,3	0,3		
Green																			6,8	
New Zealand First																				8,4
Alliance																				18,2
Andere	9,7	3,9	5,4	0,3	1,0	0,2	0,5	0,3	0,4	1,3	0,4	1,5	0,9	0,2	1,3	1,4	1,0	1,4	1,8	3,7
Alle Drittparteien	21,1	3,9	9,7	0,3	1,0	0,2	11,6	7,5	9,0	9,2	14,9	10,6	10,3	12,8	19,8	22,3	21,1	8,0	17,1	30,3

Quelle: The New Zealand Politics Source Book (1994), S. 121-127.

D: Trust in *Labour* und *National* (1990, %)

Would You describe Labour/ National as trustworthy or not trustworthy?

Voter category	All	Stable Labour	Labour to National	Labour to NLP[1]	Labour to Green	Labour to Non vote	Stable National	All Labour	All National	All Green	All NLP[1]	Non vote
Labour												
Trustworthy	13	**31**	**5**	6	7	10	1	**31**	2	9	5	12
Not sure	32	**39**	**31**	19	41	46	20	**40**	23	36	19	41
Not trustworthy	55	**30**	**64**	75	52	44	78	**28**	74	55	75	48
n	2077	**458**	**123**	58	52	124	553	**588**	800	117	85	348
National												
Trustworthy	17	**4**	**16**	4	0	6	40	**4**	35	6	3	6
Not sure	54	**54**	**61**	48	49	49	53	**56**	55	47	50	53
Not trustworthy	29	**42**	**23**	48	51	45	7	**40**	10	47	47	41
n	2067	**445**	**123**	59	52	122	556	**574**	804	116	86	348

Quelle: Vowles/ Aimer (1994), S. 148.

[1]New Labour Party

Anm.: Hervorhebungen (fett) d. d. Verf.

E: Allgemeine Wahldistrikte 1995 – Nordinsel

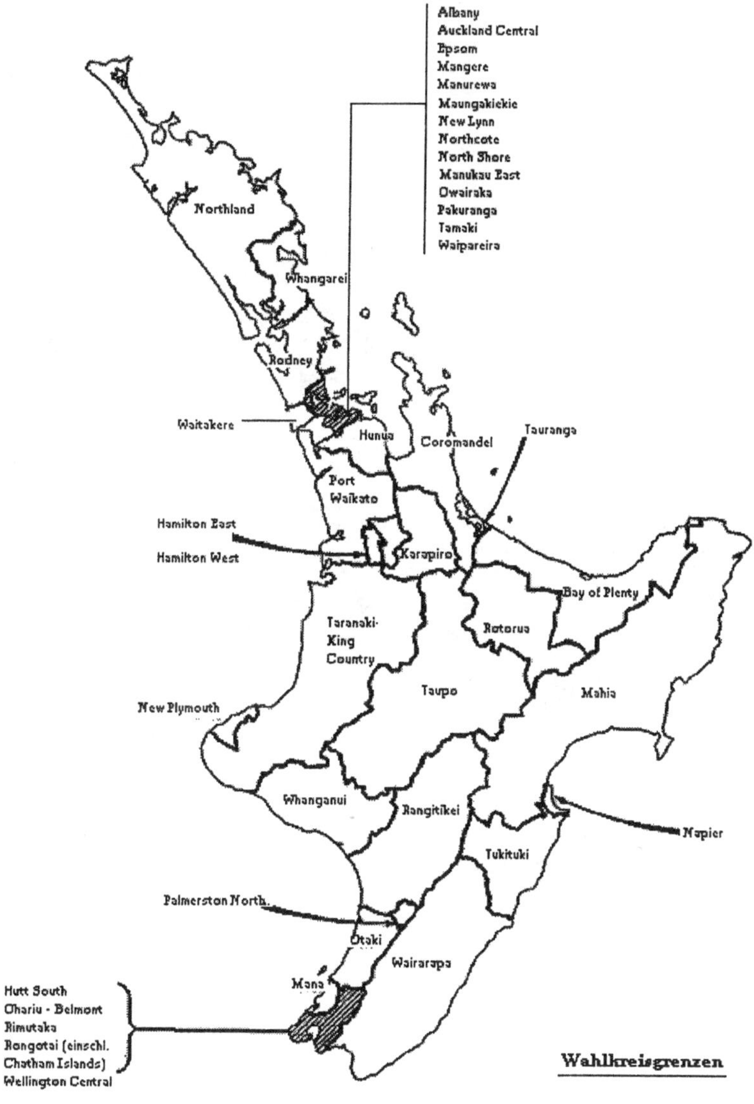

Quelle: Statistics New Zealand (1997), S. 59.

F: Allgemeine Wahldistrikte 1995 – Südinsel

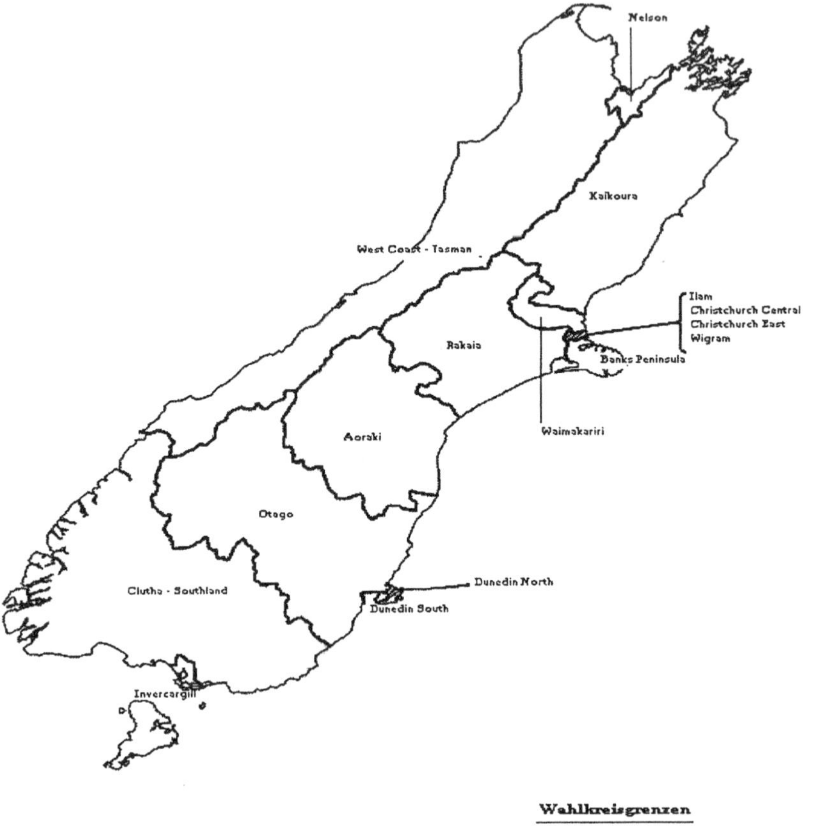

Quelle: Statistics New Zealand (1997), S. 60.

G: Maori-Wahldistrikte 1995 - Nord-/ Südinsel

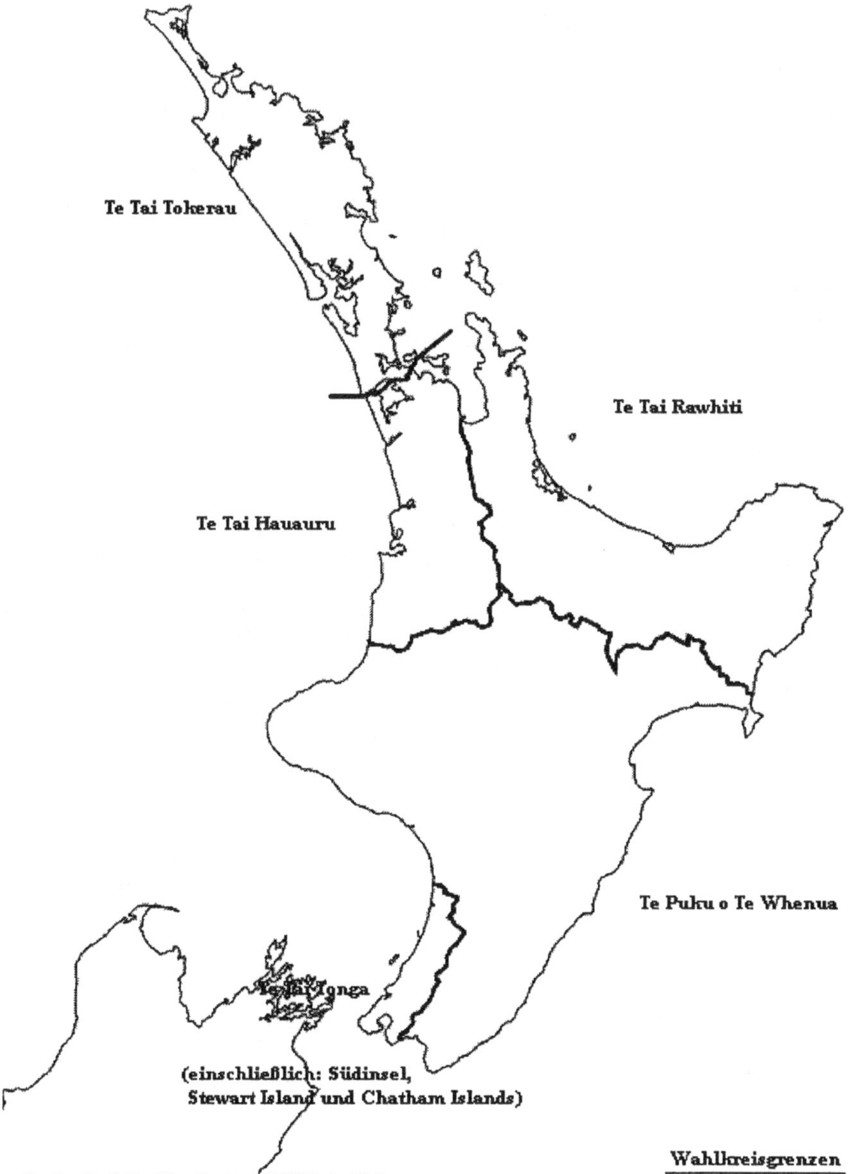

Quelle: Statistics New Zealand (1997), S. 59 f.

H: Neuseeländische Regierung, Dezember 1996

Name	Position	Partei	Portfolios
Kabinett			
Rt Hon James Bolger	1	National	Prime Minister; Minister in Charge of the NZ Security Intelligence Service
Hon Winston Peters	2	NZ First	Deputy Prime Minister; Treasurer
Rt Hon Don McKinnon	3	National	Minister of Foreign Affairs and Trade; Minister of Pacific Island Affairs; Minister for Disarmament and Arms Control
Rt Hon Bill Birch	4	National	Minister of Finance; Minister of Revenue
Hon Jenny Shipley	5	National	Minister of State Services; Minister of State Owned Enterprises (except Contact Energy Ltd.); Minister of Transport; Minister for Accident Rehabilitation and Compensation Insurance; Minister responable for Radio New Zealand Ltd.
Hon Doug Graham	6	National	Minister of Justice; Minister of Courts; Minister of Treaty Of Wait angi Negotiations
Hon Tau Henare	7	NZ First	Minister of Maori Affairs; Minister for Racing; Associate Minister for Sport, Fitness and Leisure
Hon Paul East	8	National	Attorney-General (the portfolio of Attorney-General includes respon sibility for the Serious Fraud Office); Minister of Defense; Minister of Corrections; Minister in Charge of War Pensions; Minister on Charge of the Audit Department
Hon Dr Lockwood Smith	9	National	Minister of Agriculture; Minister of Forestry; Minister Responsible for Contact Energy Ltd; Minister for International Trade
Hon Peter McCardle	10	NZ First	Minister of Employment
Hon Wyatt Creech	11	National	Minister of Education (The Education portfolio includes responsibil ity for the Education Review Office and the National Library); Leader of the House
Hon Simon Upton	12	National	Minister for the Environment; Associate Minister of Foreign Affairs and Trade; Minister for Crown Research Institutes; Minister of Biose curity
Hon Jack Elder	13	NZ First	Minister of Police; Minister of Internal Affairs; Minister of Civil Defence
Hon Bill English	14	National	Minister of Health
Hon John Luxton	15	National	Minister of Commerce; Minister of Fisheries; Minister of Lands; Minister for Industry; Associate Minister of Agriculture
Hon Maurice Williamson	16	National	Minister of Research, Science and Technology; Minister of Statistics; Minister of Communications; Minister for Information Technology

Hon Tuariki John Delamere	17	NZ First	Associate Treasurer; Minister in Charge of the Valuation Department; Minister in charge of the Public Trust Office
Hon Murray McCully	18	National	Minister of Housing; Minister of Tourism; Minister of Sport, Fitness and Leisure
Hon Max Bradford	19	National	Minister of Labour; Minister of Immigration; Minister of Energy; Minister of Business Development
Hon Roger Sowry	20	National	Minister of Social Welfare

außerhalb des Kabinetts

Hon Brian Donelly	21	NZ First	Minister Responsible for the Education Review Office; Associate Minister of Education
Hon Christine Fletcher	22	National	Minister of Women's Affairs; Minister of Cultural Affairs; Minister of Local Government
Hon Dr Nick Smith	23	National	Minister of Conservation; Associate Minister of Education; Associate Minister of Social Welfare
Hon Deborah Morris	24	NZ First	Minister of Youth Affairs; Associate Minister for Accident Rehabili tation and Compensation Insurance; Associate Minister for the Envi ronment
Hon Neil Kirton	25	NZ First	Minister of Customs; Associate Minister of Health
Hon Robyn McDonald	26	NZ First	Minister for Senior Citizens; Minister of Consumer Affairs

Quelle: http://www.executive.govt.nz/minister/index.htm 24.10.1997

Anm.: Die Minister sind nach ihrer Rangordnung im Kabinett aufgelistet.

I: Neuseeländische Regierung, ab 08.12.1997

Name	Position	Partei	Portfolios
Kabinett			
Hon Jenny Shipley	1	National	Prime Minister; Minister of Women's Affairs; Minister in Charge of the NZ Security Intelligence Service
Hon Winston Peters	2	NZ First	Deputy Prime Minister; Treasurer
Hon Wyatt Creech	3	National	Minister of Education [The Education portfolio also includes respon sibility for the National Library]; Minister for Courts; Leader of the House; Minister for Ministerial Services
Rt Hon Bill Birch	4	National	Minister of Finance [The Finance portfolio also includes responsibil ity for the Government Superannuation Fund Department]; Minister of Revenue
Hon John Luxton	5	National	Minister of Commerce; Minister of Fisheries; Minister of Lands; Minister for Biosecurity; Minister for Industry; AssociateMinister of Agriculture
Hon Bill English	6	National	Minister of Health; Associate Minister of Revenue
Hon Tau Henare	7	NZ First	Minister of Maori Affairs; Minister for Racing; Associate Minister for Sport, Fitness and Leisure
Hon Maurice Williamson	8	National	Minister of Transport; Minister of Research, Science and Technol ogy; Minister of Statistics; Minister of Local Government; Minister of Communications; Minister for Information Technology
Hon Roger Sowry	9	National	Minister of Social Welfare; Minister in Charge of War Pensions; Associate Minister of Health
Hon Peter McCardle	10	NZ First	Minister of Employment
Hon Doug Graham	11	National	Attorney-General [The Attorney-General portfolio also includes responsibility for the Serious Fraud Office]; Minister of Justice; Min ister in Charge of Treaty of Waitangi Negotiations
Hon Dr Lockwood Smith	12	Nati noal	Minister of Agriculture; Minister of Forestry; Minister for Interna tional Trade; Minister Responsible for Contact Energy Ltd
Hon Jack Elder	13	NZ First	Minister of Police; Minister of Internal Affairs; Minister of Civil Defence
Rt Hon Don McKinnon	14	National	Minister of Foreign Affairs and Trade; Minister of Pacific Island Affairs; Minister for Disarmament and Arms Control
Hon Max Bradford	15	National	Minister of Labour; Minister of Defence; Minister of Immigration; Minister of Energy; Minister of Business Development

Hon Simon Upton	16	National	Minister of State Services; Minister for the Environment; Minister of Cultural Affairs; Minister for Crown Research Institutes; Associate Minister of Foreign Affairs and Trade
Hon Tuariki John Delamere	17	NZ First	Minister of Customs; Minister in Charge of the Valuation Depart ment; Minister in Charge of the Public Trust Office; Associate Trea surer; Associate Minister of Health
Hon Dr Nick Smith	18	National	Minister of Conservation; Minister of Corrections; Associate Minis ter of Social Welfare; Associate Minister of Immigration
Hon Murray McCully	19	National	Minister of Housing; Minister of Tourism; Minister for Accident Rehabilitation and Compensation Insurance; Minister for Sport, Fit ness and Leisure
Mr Tony Ryall	20	National	Minister for State Owned Enterprises [Responsible for all SOEs except Contact Energy Ltd]; Minister in Charge of the Audit Depart ment; Minister Responsible for Radio New Zealand; Associate Min ister of Justice

außerhalb des Kabinetts

Hon Brian Donelly	21	NZ First	Minister Responsible for the Education Review Office; Associate Minister of Education; Associate Minister of Pacific Island Affairs
Rt Hon J B Bolger	22	National	Minister of State; Associate Minister of Foreign Affairs and Trade (Special Responsibility for APEC)
Hon Deborah Morris	23	NZ First	Minister of Youth Affairs; Associate Minister of Women's Affairs; Associate Minister for Accident Rehabilitation and Compensation Insurance Associate; Minister for the Environment
Hon Robyn McDonald	24	NZ First	Minister for Senior Citizens; Minister of Consumer Affairs

Quelle: http://www.executive.govt.nz/minister/index.htm 15.01.1998

Anm.: Die Minister sind nach ihrer Rangordnung im Kabinett aufgelistet

10 Quellen- und Literaturverzeichnis

10.1 Quellen

10.1.1 Gesetze

Bill of Rights Act 1990.
(http://www.govt.nz/bor/ 20.10.1997)

Citizens Initiated Referenda Act 1993.
(http://www.knowledge-basket.co.nz/gpprint/acts/public/text/1993/an/101.html 15.10.1997)

Electoral Act 1956.
(http://www.knowledge-basket.co.nz/gpprint/acts/public/text/1956/an/107.html 15.10.1997)

Electoral Act 1993.
(http://www.knowledge-basket.co.nz/gpprint/acts/public/text/1993/an/087.html 15.10.1997)

Electoral Amendment Act 1995.
(http://www.knowledge-basket.co.nz/gpprint/acts/public/text/1995/an/061.html 15.10.1997)

Electoral Amendment Act 1996.
(http://www.knowledge-basket.co.nz/gpprint/acts/public/text/1996/an/054.html 15.10.1997)

Treaty of Waitangi.
(http://www.govt.nz/nz_info/treaty.shtml 20.10.1997)

10.1.2 Amtliche Veröffentlichungen

Cabinet Office (1991): Cabinet Office Manual, Wellington: Cabinet Office.
(in Auszügen abgedruckt in: The New Zealand Politics Source Book (1994), hg. von Paul Harris u.a., 2. Aufl., Palmerston North: Dunmore Press, S. 310-340.)

Royal Commission on the Electoral System (1986): Report of the Royal Commission on the Electoral System. Towards a Better Democracy, Wellington: Government Printer.

Select Committee on Electoral Law (1988): Report of the Electoral Law Committee, Wellington: Government Printer.

Standing Orders Committee on the Review of Standing Orders (1995): Report of the Standing Orders Committee on the Review of Standing Orders, Wellington: Order of the House of Representatives.

Standing Orders of the House of Representatives (1996), Wellington: Order of the House of Representatives.

Statistics New Zealand (1996): New Zealand Official Yearbook, Wellington: Statistics New Zealand.

Statistics New Zealand (1997): New Zealand Official Yearbook, Wellington: Statistics New Zealand.

10.1.3 Wahlstudien

New Zealand Election Study (NZES):

- NZES 1993
  (http://www2.waikato.ac.nz/politics/nzes/nzes93.htm 24.10.1997)
- NZES 1996
  (http://www2.waikato.ac.nz/politics/nzes/nzes96.htm 24.10.1997)

Heylen Research Centre (1993): One Network News/ Heylen Political Poll, January 1992-October 1993, Auckland: Heylen Research Centre.

10.1.4 Veröffentlichungen der politischen Parteien

Coalition agreement between the New Zealand National party and the United New Zealand party, 28.02.1996.
(abgedruckt in Boston, Jonathan u.a. (1996): New Zealand Under MMP: A New Politics?, Auckland: Auckland University Press, S. 201 f.)

Coalition Agreement - New Zealand First and The National Party, 11.12.1996.
(http://www.knowledge-basket.co.nz/gpprint/coalition.html 15.10.1997)

New Zealand National Party, Wahlmanifest 1990.
(in Auszügen abgedruckt in: The New Zealand Politics Source Book (1994), hg. von Paul Harris u.a., 2. Aufl., Palmerston North: Dunmore Press, S. 217-224.)

New Zealand National Party, Wahlmanifest 1993.
(in Auszügen abgedruckt in: The New Zealand Politics Source Book (1994), hg. von Paul Harris u.a., 2. Aufl., Palmerston North: Dunmore Press, S. 241-248.)

People, Politics, Principles and Partie. Adress by the Hon Jenny Shipley Prime Minister, to the Auckland National Party, 9.12.1997.
(http://www.executive.govt.nz/minister/shipley/jss0912.htm 15.01.1998)

Te Runanga Whakawhanaunga I Nga Hahi (Maori Council of Churches) 1990.
(in Auszügen abgedruckt in: The New Zealand Politics Source Book (1994), hg. von Paul Harris u.a., 2. Aufl., Palmerston North: Dunmore Press, S. 239-241.)

10.2 Literatur

Aimer, Peter (1997): The Future of the Party System, in: Miller, Raymond (Hg.): New Zealand Politics in Transition, Auckland u.a.: Oxford University Press, S. 186- 196.

Alford, Robert R. (1963): Party and Society. The Anglo-American Democracies, Chicago: Rand McNally.

Bean, Clive (1986): Electoral Law, Electoral Behaviour and Electoral Outcomes. Australia and New Zealand Compared, in: The Journal of Commonwealth and Comparative Politics, Vol. 24, No. 1, S. 57-73.

Bean, Clive (1988): Class and Party in the Anglo-American Democracies. The Case of New Zealand in Perspective, in: Brititsh Journal of Political Science, Vol. 18, Part 3, S. 303-321.

Bedggood, David (1980): Rich and Poor in New Zealand. A Critique of Class, Politics and Ideology, Auckland: Allen & Unwin.

Bergman, Torbjörn (1993): Constitutional Design and Government Formation. The Expected Consequences of Negative Parliamentarism, in: Scandinavian Political Studies, Vol. 16, No. 4, S. 285-304.

Boston, Jonathan (1990): The Cabinet and Policy Making Under the Fourth Labour Government, in: Holland, Martin/Boston, Jonathan (Hgg.): The Fourth Labour Government. Politics and Policy in New Zealand, Auckland u.a.: Oxford University Press, S. 62-82.

Boston, Jonathan (1992): The Treasury. Its Role, Philosophy and Influence, in: Gold, Hyam (Hg.): New Zealand Politics in Perspective, 3. Aufl., Auckland: Longman Paul, S. 194-215.

Boston, Jonathan (1996): Experimenting with Coalition Government. Preparing to Manage Under Proportional Representation in New Zealand, Paper presented for the Annual Conference of the Australasian Political Studies Association, University of Western Australia, Perth, 2-4 October.

Boston, Jonathan (1997a): Learning the Art of Government Formation under Proportional Representation. Recent New Zealand Experience, Paper delivered to the British Political Science Association Conference, April.

Boston, Jonathan (1997b): Coalition Formation, in: Miller, Raymond (Hg.): New Zealand Politics in Transition, Auckland u.a.: Oxford University Press, S. 94- 107.

Boston, Jonathan/ McLeay, Elizabeth (1997): Forming the First MMP Government. Theory, Practice and Prospects, in: From Campaign to Coalition, Palmerston North: Dunmore Press. (Text lag d. Verf. als Druckfahne vor; Angaben unvollständig)

Boston, Jonathan u.a. (1996): New Zealand Under MMP: A New Politics?, Auckland: Auckland University Press.

Boston, Jonathan u.a. (1997): The 1996 general election in New Zealand. Proportional representation and political change, in: Australian Quarterly, Vol. 69, No. 1, S. 1-14.

Bremer, Robert/ Brooking, Tom (1993): Federated Farmers and the State, in: Roper, Brian/ Rudd, Chris (Hgg.): State and Economy in New Zealand, Auckland u.a.: Oxford University Press (Oxford Readings in New Zealand Politics, No. 2), S. 108-127.

Brookes, R. H./ Ashenden, A. H. (1967): The Floating Vote in Wellington and Palmerston North 1960-1663, in: Political Science, Vol. 19, No. 1, S. 17-39.

Budge, Ian/ Keman, Hans (1990): Parties and Democracy. Coalition Formation and Government Functioning in Twenty States, Oxford: Oxford University Press.

Budge, Ian/ Laver, Michael (1986): Office Seeking and Policy Pursuit In Coalition Theory, in: Legislative Studies Quarterly, Vol. 11, No. 1, S. 485-506.

Budge, Ian/ Laver, Michael (1993): The Policy Basis of Government Coalitions. A Comparative Investigation, in: British Journal of Political Science, Vol. 23, S. 499-519.

Butler, David (1973): The Canberra Model, London/ Basingstoke: Macmillan.

Butler, David (1981): Electoral Systems, in: Butler, David/ Penniman Howard R./ Ranney, Austin (Hgg.): Democracy at the Polls. A Comparative Study of Competitive National Election, Washington u.a.: Amerian Enterprise Institute for Public Policy Research, S. 7-25.

Catt, Helena (1996): The Other Democratic Experiment: New Zealand's Experience With Citizen's Initiated Referendum, in: Political Science, Vol. 48, No. 1, S. 29- 47.

Catt, Helena/ Harris, Paul/ Roberts, Nigel S. (1992): Voters' Choice. Electoral Change in New Zealand?, Palmerston North: Dunmore Press.

Dahl, Robert A. (1971): Polyarchy. Participation and Opposition, New Haven/ London: Yale University Press.

Dalziel, Paul/ Lattimore, Ralph (1996): The New Zealand Macroeconomy. A Briefing on the Reforms, 2. Aufl., Melbourne u.a.: Oxford University Press.

Debnam, Geoffrey (1990): Adversary Politics in New Zealand. Climate of Stress and Policy Aggressors, in: The Journal of Commonwealth & Comparative Politics, Vol. 28, No. 1, S. 1-24.

Dodd, Lawrence C. (1984): The Study of Cabinet Durability. Introduction and Commentary, in: Comparative Political Studies, Vol. 17, No. 2, S. 155-161.

Downs, A. (1957): An Economic Theory of Democracy, New York: Harper & Brothers.

Dunleavy, Patrick (1991): Democracy, Bureaucracy and Public Choice. Economic Explanations in Political Science, New York u.a.: Harvester Wheatsheaf.

Duverger, Maurice (1967): Political Parties. Their Organization and Activity in the Modern State, London: Lowe & Brydone [französische Erstausgabe 1951].

Easton, Brian (1994): How did the Health Reforms Blitzkrieg Fail?, in: Political Science, Vol. 46, No. 2, S. 215-233.

Finer, S. E. (Hg.) (1975): Adversary Politics and Electoral Reform, London: Wigram.

Gallagher, Michael (1991): Proportionality, Disproportionality and Electoral Systems, in: Electoral Studies, Vol. 10, No. 1, S. 33-51.

Gamble, A. M./ Walkland, S. A. (Hgg.) (1984): The British Party System and Economic Policy 1945-1983, London: Clarendon.

Gould, John (1982): The Rake's Progress? The New Zealand Economy since 1945, Auckland u.a.: Hodder and Stoughton.

Gustafson, Barry (1992): The Labour Party, in: Gold, Hyam (Hg.): New Zealand Politics in Perspective, 3. Aufl., Auckland: Longman Paul, S. 263-288.

Hailsham, (Lord) (1978): The Dilemma of Democracy. Diagnosis and Prescription, London: Collins.

Hawke, G. R. (1985): The Making of New Zealand. An Economic History, Cambridge u.a.: Cambridge University Press.

Henderson, John u.a. (1980): Beyond New Zealand. The Foreign Policy of a Small State, Auckland: Methuen.

Hill, Roberta/ Roberts, Nigel S. (1990): Success, Swing and Gender. The Performance of Women Candidates for Parliament in New Zealand, 1946-87, in: Politics, Vol. 25, No. 2, S. 62-80.

Inglehart, Ronald (1990): Culture Shift in Advanced Industrial Society, Princeton: Princeton University Press.

Jackson, Keith (1992a): Caucus. The Anti-Parliament System?, in: Gold, Hyam (Hg.): New Zealand Politics in Perspective, 3. Aufl., Auckland: Longman Paul, S. 233-245.

Jackson, Keith (1992b): Commentary on 'Referendums: Legal and Constitutional Aspects' - Parliamentary Sovereignty, in: Simpson, Alan (Hg.): Referendums: Constitutional and Political Perspectives, Wellington: Victoria University Department of Politics (Occasional Publication, No. 5), S. 33-43.

Jackson, Keith (1993): The Origins of the Electoral Referendum, in: McRobie, Alan (Hg.): Taking it to the People? The New Zealand Electoral Referendum Debate, Christchurch: Hazard Press, S. 15-23.

Jackson, Keith (1994): Problems of Democracy in a Majoritarian System. New Zealand and Emancipation from the Westminster Model?, in: Longley, Lawrence D. (Hg.): Working Papers on Comparative Legislative Studies, Appleton: Research Committee of Legislative Specialists of the International Political Science Association, S. 335-347.

James, Colin (1992): New Territory. The transformation of New Zealand 1984-92, Sidney: Allen & Unwin.

James, Colin/ McRobie, Alan (1993): Turning Point. The 1993 Election and Beyond, Wellington: Bridget Williams.

Johnston, J. R. (1986): Constituency Redistribution in Britain. Recent Issues, in: Grofman, Bernard/Lijphart, Arend (Hgg.): Electoral Laws and Their Political Consequences, New York: Agathon Press, S. 277-288.

Joseph, Philip A. (1993): Constitutional and adminstrative law in New Zealand, Sidney: The Law Book.

Katz, R. S./ Mair, P. (1995): Changing Models of Party Organisation and Party Democracy. The Emergence of the Cartel Party, in: Party Politics, Vol. 1, No. 1, S. 5-28.

Kavanagh, Dennis (1994): Changes in Electoral Behaviour and the Party Systems, in: Parliamentary Affairs Jg. 47, S. 596-612.

Lamare, James W. (1991): Crisis in Confidence: Political Powerlessness in New Zealand, in: McLeay, E. M. (Hg.): The 1990 General Election. Perspectives on Political Change in New Zealand, Wellington: Victoria University Department of Politics (Occasional Papers, No. 3), S. 163-172.

Laver, Michael/ Schofield, Norman (1990): Multiparty Government. The Politics of Coalition in Europe, Oxford: Oxford University Press.

Laver, Michael/ Shepsle, Kenneth A. (1990a): Coalitions and Cabinet Government, in: American Political Science Review, Vol. 84, No. 3, S. 873-890.

Laver, Michael/ Shepsle, Kenneth A. (1990b): Government Coalitions and Intraparty Politics, in: British Journal of Political Science, Vol. 20, Part 4, S. 489-507.

Laver, Michael/ Shepsle, Kenneth A. (1996): Making and Breaking Governments. Cabinets and Legislatures in Parliamentary Democracies, Cambridge: Cambridge University Press.

Levine, Stephen (1979): The New Zealand Political System. Politics in a Small Society, Sidney u.a.: Allen & Unwin.

Levine, Stephen (1996): Courting Change. The Role of the Judiciary in Altering an Electoral System, Paper presented to the Meeting of the Research Committee on Comparative Judicial Studies of the International Political Science Association (IPSA), Jerusalem, Israel, 1-4 July.

Levine, Stephen/ Roberts, Nigel S. (1991): The New Zealand General Election of 1990, in: Political Science, Vol. 43, No. 1, S. 1-19.

Levine, Stephen/ Roberts, Nigel S. (1992): Electoral Reform and Referendums. The View of Voters in New Zealand in 1987 and 1990, in: Simpson, Alan (Hg.): Referendums: Constitutional and Political Perspectives, Wellington: Victoria University Department of Politics (Occasional Publications, No. 5), S. 93-125.

Levine, Stephen/ Roberts, Nigel S. (1993): Notes on Recent Elections. The New Zealand Electoral Referendum of 1992, in: Electoral Studies, Vol. 12, No. 2, S. 158-167.

Levine, Stephen/ Roberts, Nigel S. (1994a): The New Zealand General Election and Electoral Referendum of 1993, in: Political Science, Vol. 46, No. 1, S. 40-69.

Levine, Stephen/ Roberts, Nigel S. (1994b): The New Zealand Electoral Referendum and General Election of 1993, in: Electoral Studies, Vol. 13, No. 3, S. 240-253.

Levine, Stephen/ Roberts, Nigel S. (1997): The 1996 General Election, in: Miller, Raymond (Hg.): The New Zealand Politics in Transition, Auckland u.a.: Oxford University Press, S. 223-233.

Lijphart, Arend (1984a): Democracies. Patterns of Majoritarian and Consensus Government in Twenty-One Countries, New Haven/London: Yale University Press.

Lijphart, Arend (1984b): Measures of Cabinet Durability. A Conceptual and Empirical Evaluation, in: Comparative Political Studies, Vol. 17, No. 2, S. 265-279.

Lijphart, Arend (1985): The Field of Electoral Systems Research. A Critical Survey, in: Electoral Studies, Vol. 4, No. 1, S. 3-14.

Lipset, Seymour M./ Rokkan, Stein (1967): Cleavage Structures, Party Systems, and Voter Alignments. An Introduction, in: Lipset, Seymour M./Rokkan, Stein (Hgg.): Party Systems and Voter Alignments. Cross-National Perspectives, New York: Free Press, S. 1-64.

Loosemore, John/ Hanby, Victor J. (1971): The Theoretical Limits of Maximum Distortion. Some Analytic Expressions for Electoral Systems, in: British Journal of Political Science, Vol. 1, No. 4, S. 467-477.

Mackie, Thomas T./ Hogwood, Brian W. (1985): Formal committee structures, in: Mackie, Thomas T./Hogwood, Brian W. (Hgg.): Unlocking the Cabinet. Cabinet Structures in Comparative Perspective, London: Sage (E.C.P.R. Modern Politics Series, Vol. 10), S. 16-30.

Matland, Richard E./ Studlar, Donley T. (1996): The Contagion of Women Candidates in Single-Member District and Proportional Representation Electoral Systems: Canada and Norway, in: The Journal of Politics, Vol. 58, No. 3, S. 707- 733.

McCraw, David (1981): A Classification of New Zealand Elections, in: Political Science, Vol. 33, No. 2, S. 163-174.

McLeay, Elizabeth (1987): Selection Versus Election. Choosing Cabinets in New Zealand, in: Clarke, Harold D./Czudnowski, Moshe M. (Hgg.): Political Elites in Anglo-American Democracies. Changes in Stable Regimes, DeKalb: Northern Illinois University Press, S. 279-308.

McLeay, Elizabeth (1991): Two Steps Forward, Two Steps Back. Maori Devolution, Maori Advisory Committees and Maori Representation, in: Political Science, Vol. 43 (1991), No. 1, S. 30-46.

McLeay, Elizabeth (1995): The Cabinet and Political Power in New Zealand, Auckland u.a.: Oxford University Press.

McRobie, Alan (Hg.) (1993): Taking it to the People? The New Zealand Electoral Referendum Debate, Christchurch: Hazard Press.

McRobie, Alan (1994): Final and Binding. The 1993 Electoral Referendum, in: Vowles, Jack/Aimer, Peter (Hgg.): Double Decision. The 1993 Election and Referendum in New Zealand, Wellington: Victoria University Department of Politics (Occasional Publication, No. 6), S. 101-124.

McRobie, Alan (1995): The Electoral System, in: Joseph, Philip A. (Hg.): Essays on the Constitution, Wellington: Brooker's, S. 312-343.

Miller, Raymond (1997a): Preparing for MMP: 1993-1996, in: Miller, Raymond (Hg.): New Zealand Politics in Transition, Auckland u.a.: Oxford University Press, S. 37-48.

Miller, Raymond (1997b): The New Zealand First Party, in: Miller, Raymond (Hg.): New Zealand Politics in Transition, Auckland u.a.: Oxford University Press, S. 165-176.

Milne, R. S. (1958): Voting in Wellington Central 1957, in: Political Science, Vol. 10, No. 2, S. 31-64.

Mitchell, Austin (1962): Dunedin Central, in: Political Science, Vol. 14, No. 1.

Mitchell, Austin (1969): Politics and People in New Zealand, Christchurch: Whitcombe and Tombs.

Muldoon, Robert (1981): My Way, Wellington: Reed.

Mulgan, Richard (1984): Democracy and Power in New Zealand. A Study of New Zealand Politics, Auckland u.a.: Oxford University Press.

Mulgan, Richard (1992): The Elective Dictatorship in New Zealand, in: Gold, Hyam (Hg.): New Zealand Politics in Perspective, 3. Aufl., Auckland: Longman Paul, S. 513-532.

Mulgan, Richard (1995): The Democratic Failure of Single-Party Government. The New Zealand Experience, in: Australian Journal of Political Science, Vol. 30, Special Issue, S. 82-96.

Nagel, Jack (1988): Voter Turnout in New Zealand General Elections 1928-1988, in: Political Science, Vol. 40, No. 2, S. 16-38.

Nagel, Jack (1994): How Many Parties will New Zealand have under MMP?, in: Political Science, Vol. 46, No. 2, S. 139-160.

Narud, Hanne Marthe (1996): Voters, Parties and Governments. Electoral Competition, Policy Distances and Government Formation in Multi-party Systems, Oslo: Institute for Social Research.

Nohlen, Dieter (1986): Wahlrecht und Parteiensystem, Opladen: Leske und Budrich.

Norton, Philip (1992): Does Britain need Proportional Representation?, in: Blackburn, Robert (Hg.): Constitutional Studies. Contemporary Issues and Controversies, London: Mansell, S. 136-147.

Palmer, Geoffrey (1987): Unbridled Power. An Interpretation of New Zealand's Constitution & Government, 2. Aufl., Auckland u.a.: Oxford University Press [Erstauflage 1979].

Palmer, Geoffrey (1992): New Zealand's Constitution in Crisis. Reforming our Political System, Dunedin: McIndoe.

Palmer, Geoffrey/ Palmer, Matthew (1997): Bridled Power. New Zealand Government under MMP, Auckland u.a.: Oxford University Press.

Palmer, Matthew S. R. (1994): Collective cabinet decision making in New Zealand, in: Laver, Michael/Shepsle, Kenneth A. (Hgg.): Cabinet Ministers and Parliamentary Government, Cambridge: Cambridge University Press.

Pearson, David G./ Thorns, David C. (1983): Eclipse of Equality. Social Stratification in New Zealand, Sydney: Allen & Unwin.

Pitt, David (Hg.) (1977): Social Class in New Zealand, Auckland: Longman Paul.

Pugh, Michael C. (1989): The ANZUS crisis, nuclear visiting and deterrence, Cambridge u.a.: Cambridge University Press (Cambridge studies in international relations, No. 4).

Rae, Douglas W. (1967): The Political Consequences of Electoral Laws, New Haven/ London: Yale University Press.

Rainbow, Stephen/ Sheppard, Simon (1997): The Minor Parties, in: Miller, Raymond (Hg.): New Zealand Politics in Transition, Auckland u.a.: Oxford University Press, S. 177-185.

Reeve, Andrew/ Ware, Alan (1992): Electoral Systems. A comparative and theoretical introduction, London/ New York: Routledge, 1992.

Riker, William H. (1962): The Theory of Political Coalitions, New Haven/ London: Yale University Press.

Riker, William H. (1982): The Two-Party System and Duverger's Law. An Essay on the History of Political Science, in: American Political Science Review, Vol. 76, No. 4, S. 753-766.

Robertson, David (1984): Adversary Politics, Public Opinion and Electoral Cleavages, in: Comparative Government and Politics. Essays in honour of S. E. Finer, hg. von Dennis Kavanagh und Gillian Peele, London: Heinemann, S. 212-241.

Robinson, Alan D. (1967): Class Voting in New Zealand. A Comment on Alford's Comparison of Class Voting in the Anglo-American Systems, in: Lipset, Seymour M./ Rokkan, Stein (Hgg.): Party Systems and Voter Alignments, London: Collier-Macmillan, S. 95-114.

Roper, Brian (1992): Business Political Activism and the Emergence of the New Right in New Zealand, 1975 to 1987, in: Political Science, Vol. 44, No. 2, S. 1- 23.

Roper, Brian (1993): The End of the Golden Weather. New Zealands's Economic Crisis, in: Roper, Brian/ Rudd, Chris (Hgg.): State and Economy in New Zealand, Auckland u.a.: Oxford University Press (Oxford Readings in New Zealand Politics, No. 2), S. 1-25.

Rose, Richard (1980): Do Parties Make a Difference?, London u.a.: Macmillan.

Sartori, Giovanni (1976): Parties and Party Systems. A Framework for Analysis, Cambridge u.a.: Cambridge University Press.

Sartori, Giovanni (1986): The Influence of Electoral Systems. Faulty Laws or Faulty Method?, in: Grofman, Bernard/Lijphart, Arend (Hgg.): Electoral Laws and Their Political Consequences, New York: Agathon Press, S. 43-68.

Schofield, Norman/ Laver, Michael (1985): Bargaining Theory and Portfolio Payoffs in European Coalition Governments 1945-83, in: British Journal of Political Science, Vol. 15, Part 2, S. 143-164.

Sharp, Andrew (1992): The Treaty, the Tribunal and the Law. Recognising Maori Rights in New Zealand, in: Gold, Hyam (Hg.): New Zealand Politics in Perspective, 3. Aufl., Auckland: Longman Paul, S. 123-142.

Strom, Kaare (1990): Minority Government and Majority Rule, Cambridge u.a.: Cambridge University Press.

Taagepera, Rein/ Grofman, Bernard (1985): Rethinking Duverger's Law. Predicting the Effective Number of Parties in Plurality and PR Systems - Parties

Minus Issues Equals One, in: European Journal of Political Research, Vol. 13, No. 4, S. 341-352.

Taagepera, Rein/ Shugart, Matthew Soberg (1989): Seats and Votes. The Effects and Determinants of Electoral Systems, New Haven/London: Yale University Press.

Temple, Philip (1995): Changing the Rules in New Zealand, in: Political Quarterly, Vol. 66, No. 2, S. 234-238.

Vowles, Jack (1995): The Politics of Electoral Reform in New Zealand, in: International Political Science Review, Vol. 16, No. 1, S. 95-115.

Vowles, Jack (1997): Waiting for the Realignment? The New Zealand Party System, 1972-93, in: Political Science, Vol. 48, No. 2, S. 184-209.

Vowles, Jack (erscheint 1998): A New Party System Post-MMP?, in: Vowles, Jack u.a. (Hgg.): Voters' Victory? New Zealand's first Election Under Proportional Representation, Auckland: Auckland University Press.

Vowles, Jack/ Aimer, Peter (1993): Voters' Vengeance. The 1990 Election in New Zealand and the Fate of the Fourth Labour Government, Auckland: Auckland University Press.

Vowles, Jack/ Aimer, Peter (Hgg.) (1994): Double Decision. The 1993 Election and Referendum in New Zealand, Wellington: Victoria University Department of Politics (Occasional Publication, No. 6).

Vowles, Jack u.a. (1995): Towards Consensus? The 1993 General Election in New Zealand and the Transition to Proportional Representation, Auckland: Auckland University Press, 1995.

Ware, Alan (1996): Political Parties and Party Systems, New York: Oxford University Press.

Wilkes, Christopher (1993): The State as an Historical Subject. A Periodization of State Formation in New Zealand, in: Roper, Brian/ Rudd, Chris (Hgg.): State and Economy in New Zealand, Auckland u.a.: Oxford University Press (Oxford Readings in New Zealand Politics, No. 2), S. 192-209.

Williams, Michael (1990): The Political Economy of Privatization, in: Holland, Martin/ Boston, Jonathan (Hgg.): The Fourth Labour Government. Politics and Policy in New Zealand, Auckland u.a.: Oxford University Press, S. 140-164.

Wood, G. A. (1992): The National Party, in: Gold, Hyam (Hg.): New Zealand Politics in Perspective, 3. Aufl., Auckland: Longman Paul, S. 289-309.

Kolibri 360 GmbH
Ferdinand-Jühlke-Straße 7
99095 Erfurt, Deutschland
produktsicherheit@kolibri360.de

Druck:
CPI Druckdienstleistungen GmbH
im Auftrag der
Kolibri 360 GmbH
Ferdinand-Jühlke-Str. 7
99095 Erfurt